徳川十五代を支えた老中・大老の謎

江戸幕府要職の表と「裏」がよくわかる!

福田智弘
Tomohiro Fukuda

はじめに

江戸幕府における最高の職とされる「大老《たいろう》」と「老中《ろうじゅう》」。その地位が、本当に最高のものであったのかについては本文で詳しく述べるとして、「大老」および「老中」が江戸時代を通じて重要な役割を果たしてきたことに間違いはない。学校の教科書でも必ず習う事柄である。しかしながら、実際にどんな人が大老、および老中となり、どのような活躍をしてきたかについては意外と知られていないのではないだろうか。

「**大老**」といえば、幕末の井伊直弼《いいなおすけ》が有名である。彼は、ほぼ独断で日米修好通商条約を結び、そのことが非難の的《まと》になると安政《あんせい》の大獄《たいごく》で吉田松陰《しょういん》など反対派の処罰を断行し、その結果、桜田門外の変で暗殺されるという数奇な運命をたどった人物である。大河ドラマで注目を集めた井伊家の人物としても近年、ますます注目を浴《あ》びている。そんな彼の死後、わずかに7年ほどで江戸幕府が崩壊しているから、井伊直弼のことを「最後の大老」と思い込んでいる人も多いようだ。しかし、実際には**井伊直弼の後に酒井忠績《ただしげ》という人物が大老に任命されている**。

また、井伊直弼は幕末という「非常時」だからこそ、「大老」という普段は置かれない職務に就任したのだと思っている人も多いようだが、それも厳密にいうと正しくはない。実は江戸時代において10名程の大老がおり、比較的**平和な時期にも大老は設置されている**のだ。その理由については、本文で述べていくことにしよう。

「**老中**」となると、一層、影が薄い。一般の方の知名度はより低くなるだろう。せいぜい江戸後期に改革的な政治を行なったことで有名な「田沼意次《おきつぐ》」「松平定信《まつだいらさだのぶ》」「水野忠邦《ただくに》」あたりが知られているくらいだろう。あるいは「阿部正弘《まさひろ》」「堀田正睦《ほったまさよし》」「安藤信正《のぶまさ》」などの名前は、幕末好きの人ならご存知かもしれない。しかし、実際の老中は、数え方によって違いがあるのだが、少なくとも**120名以上**はいる。いまだ百人に満たない内閣総理大臣より多く、今上《きんじょう》天皇が125代に当たる歴代天皇に匹敵するほどの数である。それゆえ、個性あふれる老中たちがおり、さまざまな知られざるエピソードにあふれているのだ。

本書では、序章において、その仕事ぶりや位置づけ等、**知っているようで知らない大老と老中の真の姿**について語り、核となる第1〜3章では、興味が尽きない**大老、老中たちの面白エピソード**についてまとめてみた。さらに第4章では、大老を輩出した井伊・土井・酒井・堀田の四家にスポットを当てている。本書を読み終えた時、これまで知らなかった新しい江戸時代の姿が見えてくることであろう。

徳川幕府年表および老中・大老一覧……❶

将軍	家康	秀忠	家光

主な出来事

- 1603 家康、征夷大将軍に
- 1613 慶長遣欧使節
- 1615 大坂夏の陣　最初の武家諸法度
- 1617 吉原遊郭の開設許可
- 1619 福島正則改易
- 1623 イギリス、平戸商館閉鎖
- 1629 紫衣事件
- 1635 参勤交代制度化
- 1637 島原の乱
- 1641 オランダ商館を出島に（鎖国の完成）

大老

- 土井利勝（1638〜1644）

老中

- 大久保忠隣（1593〜1614）
- 内藤清次（1616〜1617）
- 内藤忠重（1623〜1653）
- 本多正信（1600〜1615）
- 青山忠俊（1616〜1623）
- 稲葉正勝（1623〜1634）
- 本多正純（1600〜1622）
- 阿部正次（1623〜1626）
- 青山幸成（1628〜1643）
- 成瀬正成（1600〜1616）
- 井上正就（1617〜1628）
- 森川重俊（1628〜1632）
- 安藤直次（1600〜1616）
- 永井尚政（1622〜1633）
- 堀田正盛（1633〜1651）
- 内藤清成（1601〜1606）
- 酒井忠世（1610〜1634）（1636）
- 青山忠成（1601〜1606）
- 土井利勝（1610〜1638）
- 酒井忠利（1609〜1627）
- 安藤重信（1611〜1621）
- 酒井忠勝（1624〜1638）

名前の記載のない老中は省略した。大老に関しては『日本大百科全書』の北原章男氏の説を中心に作成。また、研究者によって差異があることを示す意味もあり、山本博文氏が『お殿様たちの出世』という書籍の巻末年表にて、名を記していない大老、老中は灰色で示すこととした。

綱吉	家綱	

1643 田畑永代売買禁止令

1651 由井正雪の乱

1654 玉川上水完成

1657 明暦の大火

1663 武家諸法度で殉死を禁じる

1669 シャクシャインの乱

1673 三井高利、越後屋呉服店開業

1682 井原西鶴『好色一代男』

1685 最初の生類憐みの令

1689 芭蕉、奥の細道の旅に出立

酒井忠勝（1638〜1656）

井伊直澄（1668〜1676）

酒井忠清（1666〜1680）

堀田正俊（1681〜1684）

酒井忠清（1653〜1666）

板倉重種（1680〜1681）

阿部重次（1638〜1651）

稲葉正則（1657〜1681）

阿部正武（1681〜1704）

久世広之（1663〜1679）

戸田忠昌（1681〜1699）

松平信綱（1633〜1662）

板倉重矩（1665〜1673）

松平信之（1685〜1686）

土屋数直（1665〜1679）

土屋政直（1687〜1718）

松平乗寿（1642〜1654）

阿部正能（1673〜1676）

大久保忠朝（1677〜1698）

阿部忠秋（1633〜1666）

土井利房（1679〜1681）

堀田正俊（1679〜1681）

※誰を老中とし、その就任期間をいつとするかは、史料の読み解き方等によって差異がある。この年表に記したものが絶対的なものではないことにご注意いただきたい。この年表では白峰旬氏が『老中就任者についての基礎的考察』という論文の中で、『角川新版日本史辞典』を中心にまとめたものから老中就任者の名前と期間を抜粋して作成。ただし、『柳営補任』に

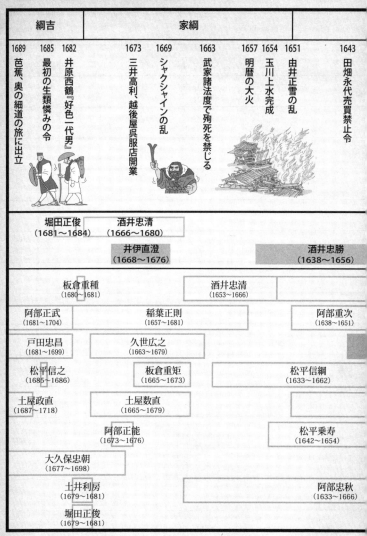

徳川幕府年表および老中・大老一覧……❷

将軍

綱吉　家宣　家継　吉宗

主な出来事

1695 元禄金銀発行

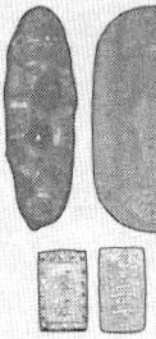

1702 赤穂浪士討ち入り

1707 宝永地震　富士山噴火

1709 生類憐みの令廃止

正徳の治

1715 海舶互市新例

1720 江戸町火消設置

1722 上げ米令　小石川養生所設置

1730 大坂堂島米市場公認

の改革

大老

井伊直興（1697～1700）（1711～1714）

老中

小笠原長重（1697～1705）（1709～1710）

久世重之（1713～1720）

阿部正武（1681～1704）

松平信庸（1714～1716）

戸田忠昌（1681～1699）

秋元喬知（1699～1714）

戸田忠真（1714～1729）

稲葉正往（1701～1707）

水野忠之（1717～1730）

土屋政直（1687～1718）

安藤信友（1722～1732）

本多正永（1704）（1709～1711）

大久保忠朝（1677～1698）

大久保忠増（1705～1713）

松平忠周（1724～1728）

井上正岑（1705～1722）

大久保常春（1728）

阿部正喬（1711～1717）

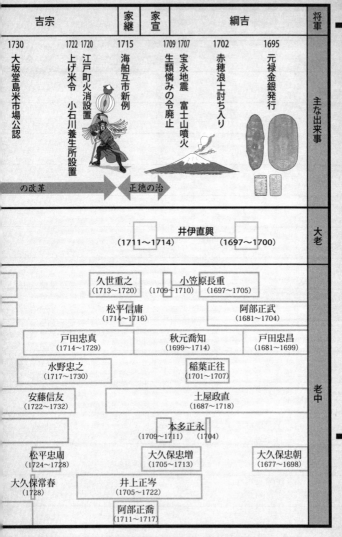

	家重	家治

1732 享保の飢饉

1742 公事方御定書

1748 竹田出雲『仮名手本忠臣蔵』

1754 宝暦郡上一揆

1758 宝暦事件　御三卿成立

1767 明和事件

1774 杉田玄白ら『解体新書』

享保 ← → 田沼時代

松平信祝（1730～1744）
松平武元（1747～1779）

松平輝貞（1730～1745）
本多正珍（1746～1758）
秋元凉朝（1760～1764）

（1734～35）
本多忠良（1735～1746）
酒井忠寄（1749～1764）

松平乗賢（1745～1746）
（1758～1760）
松平輝高（1761～1781）

土岐頼稔（1742～1744）
井上正経（1760～1763）

松平乗邑（1723～1745）
松平康福（1763～1788）

酒井忠恭（1744～1749）
阿部正右（1765～1769）

（1746～1747）
西尾忠尚（1751～1760）
板倉勝清（1769～1780）

酒井忠音（1728～1735）
堀田正亮（1745～1761）
田沼意次（1772～1786）

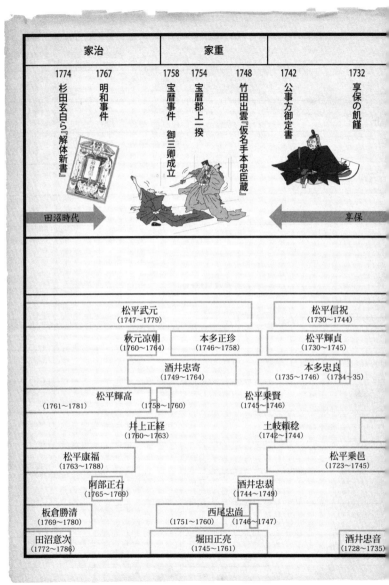

徳川幕府年表および老中・大老一覧……❸

将軍

家治

家斉

主な出来事

1782 天明の大飢饉始まる

田沼時代

1789 棄捐令　囲米の制

1792 ラクスマン、根室に

寛政の改革

1804 レザノフ、長崎に来航

1808 フェートン号事件

1814 曲亭馬琴、最初の『南総里見八犬伝』

1818 小林一茶『おらが春』

大老

井伊直幸（1784～1787）

老中

松平武元（1747～1779）
牧野貞長（1784～1790）
戸田氏教（1790～1806）
久世広明（1781～1785）
松平乗完（1789～1793）
太田資愛（1793～1801）
水野忠友（1785～1788）
安藤信成（1793～1802）
松平輝高（1758～1760）（1761～1781）
牧野忠精（1801～1816）
阿部正允（1779～1780）
鳥居忠意（1786～1793）
土井利厚（1802～1822）
松平康福（1763～1788）
青山忠裕（1804～1835）
阿部正倫（1787～1788）
酒井忠進（1815～1818）
板倉勝清（1769～1780）
松平定信（1787～1793）
阿部正精（1817～1823）
田沼意次（1772～1786）
松平信明（1788～1803）（1806～1817）

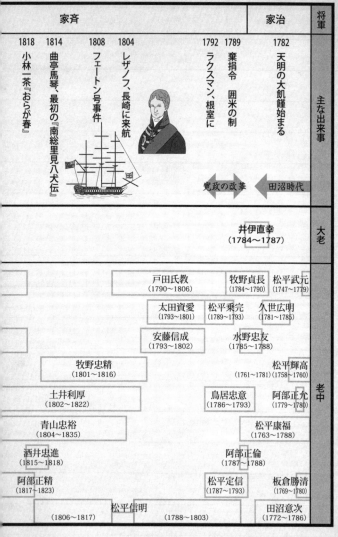

慶喜	家茂	家定	家慶	

1867 大政奉還

1864 池田屋事件 禁門の変

1860 桜田門外の変

1858 日米修好通商条約

1853 ペリー、浦賀に来航

1846 ビッドル、浦賀に来航

1837 大塩平八郎の乱

1833 天保の飢饉始まる

1828 シーボルト事件

1825 異国船打払令

天保の改革

酒井忠績（1865）　井伊直弼（1858～1860）　井伊直亮（1835～1841）

松平定昭（1867）

水野忠誠（1866）

❶（1863）（1858～1859）　太田資始（1837～1841）　大久保忠真（1818～1837）

❸ ❷ 脇坂安宅（1862）（1857～60）　阿部正弘（1843～1857）　松平乗寛（1822～1839）

牧野忠恭（1863～65）　安藤信正（1860～62）　牧野忠雅（1843～1857）　松平信順（1837）　水野忠成（1818～1834）

松平康英（1865）（1865～68）（1860～62）　久世広周（1851～1858）　戸田忠温（1845～1851）　脇坂安董（1837～1841）　植村家長（1825～1826）

❹ 本多忠民（64～65）（60～62）（1855～1858）　堀田正睦（1841～1843）　松平輝延（1823～1825）

井上正直（65～67）（62～64）　内藤信親（1853～1862）　青山忠良（1844～1848）　土井利位（1839～1844）

❺ 松平信義（1860～63）（1858～59）　間部詮勝（1840～43）　松平康任（1826～1835）

❻ 水野忠精（1862～66）（1858～60）　松平乗全（1848～55）　真田幸貫（1841～1844）　松平宗発（1835～1836）

板倉勝静（65～68）（1862～1864）（1857～1858）　松平忠優（1848～1855）　水野忠邦（1844～1845）（1834～1843）

❶阿部正外、諏訪忠誠、松前崇広（1864～65）　❷有馬道純、酒井忠績（1863～64）
❸松平宗秀（1864～66）　❹小笠原長行（1865～66、1866～68）
❺稲葉正邦（1864～65、1866～68）　❻松平正質、酒井忠惇（1867～68）

徳川十五代を支えた 老中・大老の謎 ──◉目次

第1章

天下泰平の国づくりに奔走

江戸初期の老中・大老たちの面白エピソード ……41

第3章

改革、開国の手綱とり

江戸後期〜幕末の老中・大老たちの面白エピソード

第4章

大老四家の全系譜

江戸幕府を率いてきた土井・酒井・堀田・井伊家のすべて

本書では、一般の方の読解の便宜を図るため、「年」の表記に当たっては、西暦を記載することとしました。実際には旧暦と西暦とでは月日にずれが生じますが、統一を図り、混乱を防ぐために、あえて西暦に換算はしていません。たとえば、徳川家康の誕生日は「天文11（≒１５４２）年12月26日」であり、西暦に換算すると「１５４３年1月31日」になりますが、誕生日が不明の人物や正確な月日が不明の事件などもあるため、統一のためにあえて西暦への換算はせず、１５４２年の生まれとしています。（平治元年［≒１１５９年］12月に起こった「平治の乱」は西暦に換算すると１１６０年の出来事ですが、通常１１５９年の出来事として記憶されることなどに準じています）

また、年齢については満年齢を記載しました。こちらも、誕生日が不明の人物もいるため、誕生日にかかわらず、その年に迎える満年齢を記載しています。

装幀　杉本欣右
図版　笹森　識
ＤＴＰ　サッシイ・ファム
編集協力　オフィスＯＮ

序章

老中・大老とは

知られざる幕閣たちの姿

「老中は本当に権力者だったのか」「大老は非常事態の時にしか置かれないって本当?」そんな大老と老中に関する素朴な疑問を素早く解決!　第1〜3章の本文で各大老や老中たちのエピソードに触れる前に、目からうろこが落ちる幕藩体制の真の姿を、ぜひ知っておいていただきたい。

老中の真実！　実は大して偉くなかった？

老中より偉い人たちはたくさんいた？

辞書、あるいは受験用の用語集の類《たぐい》を見ていると、「大老」とは「必要に応じて置かれた幕府における最高の職」であり、「老中」とは、「常置のものの中では幕府最高の職」であるという。大老は常に置かれるわけではないのでいったん、度外視《どがいし》するならば、老中こそが、江戸幕藩体制において、将軍の次に偉い人のように感じられる。それでは、老中というのは、江戸時代において本当にナンバー2の地位にある人たちだったといってよいのだろうか。もちろん、老中は江戸幕藩体制の政治の中心であり、偉いことには違いないのだが、実はその地位は微妙でもあったのだ。

その内容について触れる前に、簡単に江戸時代の統治体制を振り返っておこう。まず、皇族や公家《くげ》などを除いた武家社会において、一番偉いのは征夷大将軍《せいいたいしょうぐん》である。この将軍のもと、幕藩《ばくはん》体制と呼ばれる政治体制がとられていたのだが、それは、かなり特殊な形態であった。まず、徳川将軍家が直接支配する土地（天領《てんりょう》）は400万石であり、**全国の約**

13％ほどに過ぎない。その他の土地のほとんどは各大名が半独立して治めている。この各大名が領有している地域を「藩」と呼ぶ。もちろん、各大名は徳川幕府に臣従《しんじゅう》し、その厳しい統制を受け、もし逆《さか》らうことなどがあれば、国替《くにが》えや御家《おいえ》断絶の処置を受ける場合もあったわけなので、幕府の統治下にあったことには間違いないのだが、おのおのの領国（藩）自体は、半独立国とでもいうべき状況にあった。

この、各藩を治めている大名は、大きく三つに分けられる。一つは徳川一門の大名である「**親藩**《しんぱん》」。家康の息子を藩祖とする尾張、紀伊、水戸の御三家を筆頭に、同じく家康の次男を藩祖とする越前《えちぜん》（福井）藩、家康の孫に当たる保科正之《ほしなまさゆき》の系譜を継ぐ会津藩などが著名である。将軍家の親戚筋である親藩は、別格ともいえる存在で、当然、家格は高い。

もう一つは**外様大名**《とざま》である。これは本によっては「関ケ原以降に徳川家に臣従した大名」などと説明され、代表格が薩摩《さつま》の島津家や長州・毛利家などであるため、関ケ原の戦いで負けて徳川の部下になった大名、と思っている人もいるようなのだが、むろん、そうではない。関ケ原の戦いの前後に徳川方（東軍）として活躍した福岡の黒田家、土佐の山内家なども外様大名である。外様大名とは、戦国時代に徳川家と覇権を争ってきた大名、あるいは豊臣政権下において徳川家と肩を並べていた大名のことであり、秀吉の死後、関ケ原の戦いの前後に徳川家に臣従の意を示した大名のことをいう。幕藩体制下では、徳川将軍家に臣従する形になっているが、一目置《いちもくお》かれる存在であったといってもよい。実はこの中でも百万石の加賀前田家や長州毛利家などは、石高《こくだか》はもちろん、**官位（官職と位階）など****も従四位下侍従《じゅしいげじじゅう》である老中より高くなっているのだ**。

最後の一つが**譜代《ふだい》大名**である。戦国時代および豊臣政権下において、まだ一大名に過ぎなかった徳川家に、以前から臣従してきた家臣たちの中で有力な武将たちである。そして、老中に任命されるのは、基本、この譜代大名からである。いや、もっといえば、左図で示したような江戸幕府の主な職制は、基本、譜代大名、すなわち、**昔からの徳川家の家臣で****構成されている**といってよい。つまり、徳川幕府の官僚たちは、昔からの徳川家の家臣ばかりであり、徳川家の直轄地などを治めながら、別格である親藩や半独立国的な外様大名たちを統制する役割を担っていた。そのトップが老中なのであるから、親藩や外様大名たちと老中ではどちらが偉いかというと……微妙なのである。

老中は譜代大名の中でも偉いほうじゃない？

老中が親藩や外様大名と比較して必ずしも偉いわけではない、というだけなら、大して

◎江戸幕府の職制（抜粋）

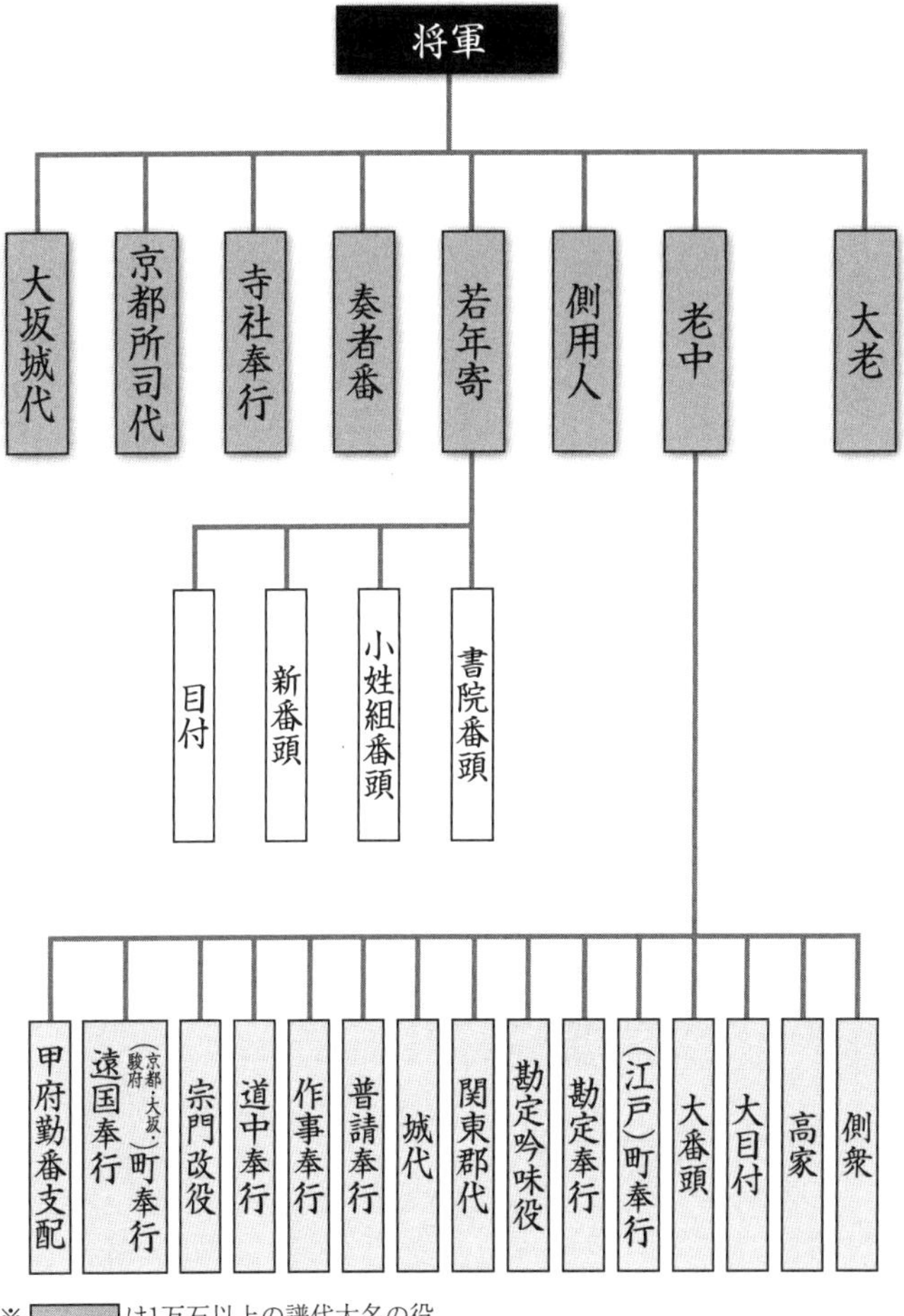

※ ▭ は1万石以上の譜代大名の役

「幕府の組織」≒昔からの「徳川家の家臣団」。現代の国家官僚制度と比べると、かなりの違いがある。

驚くほどのことではないかもしれない。しかし、実は老中を輩出《はいしゅつ》する大名家が、**譜代大名の中でもそれほど高い家格なわけではない**、といったらどうだろうか。

江戸時代の家格を端的に示すものに、江戸城での控室（**殿席**《でんせき》）がある。江戸城に登城した時に、どの部屋に入るのかが厳密に規定されていたのである。時期によって違いはあるが、その概要は左図のようになっている。おおむね上に書かれているものほど、家格の高い大名が詰《つ》める部屋になっている。一番家格の高い御三家や加賀百万石前田家などは「大廊下《おおろうか》」に、会津松平家や譜代最高家格の井伊家などは「溜間《たまりのま》」に、他の親藩や家格の高い外様大名は「大広間《おおひろま》」に、他の外様大名は「柳間《やなぎのま》」に、といった感じである。

そして、譜代大名では、徳川四天王ら家格の高い大名は「帝鑑間《ていかんのま》」に、他の城持《しろもち》大名は「雁間《がんのま》」に、城を持たない大名（いわゆる陣屋《じんや》大名）は「菊間縁頬《きくのまえんがわ》」に、といった形になる。ここで重要なのは、基本、老中になるのは、比較的家格の高い溜間や帝鑑間ではなく、雁間の大名が多かった、ということである。これはいったいどういうふうに考えればよいのだろうか。

これはつまり、老中や23ページに掲げたような幕府の職務につく大名たちは、徳川家の家臣として、将軍家の手足となって働く人たちだということを意味している。それに対し、

◎江戸城控えの間（殿席）

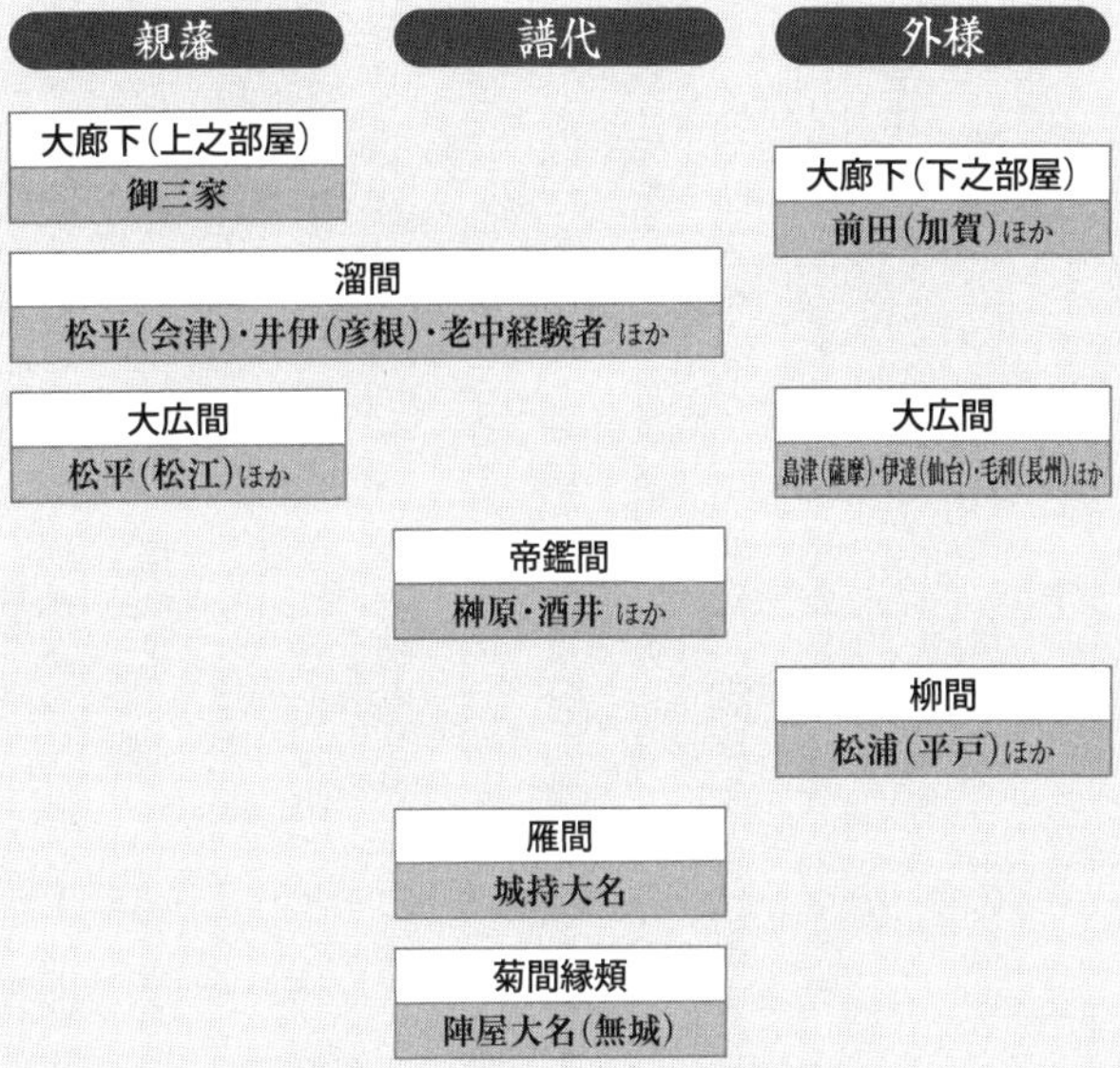

徳川四天王のような戦国時代に大きな功績のあった重臣たちは、もっと上に位置している。いざとなれば、軍を率《ひき》いて徳川家のために戦うという意味では、筆頭の地位にある家臣なのだが、普段、将軍家の手足となって働かせるには少々恐れ多い、といった感じの家柄なのだ。したがって、老中を出す家柄は、その下の**将軍の手足となって働く家柄の中で最高の位**、といった意味合いでとらえたほうがよい。

　わかりやすくたとえるならば、豊臣政権時代の「五大老《ごたいろう》」「五《ご》奉行《ぶぎょう》」制度を思い起こしてみるとよい。豊臣秀吉の下には、徳川家康をはじめ、上杉謙信《けんしん》の後継である上杉景勝《かげかつ》、毛利元就《もとなり》の子孫・毛利輝元《てるもと》ら五人の大名が、政権を支える顧問格《こもんかく》「五大老」として力を持っていた。彼らはもちろん、豊臣秀吉に臣従しており、小田原の陣や朝鮮出兵など、いざ戦となれば先頭に立って活躍した。しかしながら、日常的に豊臣秀吉の手足となって実務的な政務をつかさどっていたのは、石田三成ら「五奉行《ごぶぎょう》」と呼ばれる人々である。かつて、豊臣秀吉と同格のライバルとして戦国の世を生き抜いてきた五大老たちに、実務を手伝わせるのは気が引ける、といった感じだろう。

これと似たようなことが江戸幕府の職制にもいえる。徳川将軍家の親戚である親藩や徳川家と覇権を争ってきた外様の大大名、あるいは徳川家の家臣の中でも抜群の功績を収めてきた徳川四天王などの大名に、実務的な仕事をさせるわけにはいかない。実務を担うのは、徳川四天王などより家格が低い譜代大名たちであり、**その中でトップの地位にあるのが、「老中」**というわけである。

もし、普段は実務的な仕事に携《たずさ》わることのない、高い家格の大名に、政務を率いてほしいという状況が生まれると、彼らは「老中」にはならず、別の形で政務に就く。四代将軍に仕えた保科正之《ほしなまさゆき》（家康の孫）は将軍の後見、補佐役として政治に携わった。幕末には将軍の親戚筋である一橋慶喜《ひとつばしよしのぶ》（のちの十五代将軍）が将軍後見職《しょうぐんこうけんしょく》に、越前の松平慶永が政事《せいじ》総裁職《そうさいしょく》になっている。そして、**徳川四天王クラスの大名が政治にかかわる時には「大老」の地位が用意される**といった形である。

ただし、以上に述べたのは、模式的な説明であって、実際にはもう少し複雑な背景があり、また260年以上におよぶ江戸時代の時期によっても大きな違いがある。老中の地位も、かなり高く見られた時期もあれば、**側用人《そばようにん》**など将軍の側近の地位が増し、相対的に低く見られた時期もある。また、家格も一定ではなく、将軍家と婚姻関係を結んだり、長く当主をつとめていたりすると高くなるし、養子をとることで家格が高くなったり、低くなったりもする。徳川四天王の一つである酒井家や本多家は、直系の跡継ぎがいなくなり、親戚筋から養子をとったために、家格が下がっている。これにより、逆に両家は老中を輩出する家柄となったわけである。「**家格が下がったから、老中になれる**」ということが現実に起きているのである。

老中は現代の総理大臣？

老中という職を、現代の総理大臣にたとえることはよくある。政務のトップにあるのだから、そのたとえは必ずしも間違いではない。ただし、現代の総理大臣とは違って、老中は同時に4~5名が任命される。かといって、老中は、現代の内閣のように、財務大臣、外務大臣というふうに仕事が分かれているわけではなく、基本交代制で同じ役職を担っている。同時に4~5名が総理大臣に任命される、というイメージに近いかもしれない。

一方で、老中に限った話ではないのだが、江戸時代の職制は、現代の国務大臣制と似ているところがある。老中や町奉行《ぶぎょう》、寺社奉行などの役職者の下には、実務を担当する人々がいる。奉行には与力《よりき》、同心《どうしん》と呼ばれる人たちが、老中には**奥右筆**《おくゆうひつ》という人たちが職務を補佐しているのだ。彼らは奉行や老中たちが変わっても、そのまま職務を担い続ける。そのため、多少不慣れな人間が役職についても、実務はその下にいる与力、同心、奥右筆といった人々が担っているために、ほぼ問題なく遂行されていく。この関係が、現代の国務大臣と各省庁の官僚と似ているといってもよいだろう。もちろん、現代の国務大臣が無能であっても構わない、といっているわけではないのだが……。

大老が任命されるのは珍しいことではなかった?

大老は結構多かった?

「はじめに」でも述べたように、大老は常に置かれるわけではないからといって、幕末の井伊直弼《いいなおすけ》のように、前代未聞の状況に陥った時に初めて任命されるというものでもない。もう少し頻繁《ひんぱん》に大老は存在していたといってよい。31ページに江戸時代の大老とその就任期間の一覧表を掲載した。

ただし、誰を大老とし、いつを就任期間とするのかは、史料の読み解き方、判断等によって差異がある。その異同も踏まえて表にしているのでご注意いただきたい。

この図を見ると、江戸中期には少なく、前期に多いことがよくわかるが、江戸時代全般を通して大老がいる時代というのは、それほど珍しいわけではない。

10人が任命されたという説をとり、江戸時代を1603年から1867年までの265年とすると、その**4分の1弱**（約23％）に当たる61の年には、誰かしらが大老に任命されているわけである。

また、井伊直興《なおおき》が大老を務めた元禄《げんろく》時代などは、元禄文化が栄えたほどで、生類憐《しょうるいあわれ》みの令の発布による混乱などはあったものの、緊急事態といえるような時代背景があったわけではない。

こうして見ていくと、大老が任命されるのは、ことのほか例外的な状況ではないことがわかる。決して緊急事態の時にだけ置かれるわけではないのだ。

しばしば幕末の書で、「この前代未聞の緊急事態に対応するために、幕府は、非常時にしか任命されない『大老』の職を設け、井伊直弼を任命した」という記述がなされているが、間違いとはいえないものの、多少盛り気味の記述であることがわかる。

幕末の緊急事態に対応するために彦根藩主井伊直弼を起用したというのは間違いではないが、緊急事態だったから「大老」になったのではなく、徳川四天王の末裔《まつえい》である井伊家の当主が政務をとるための**順当な職責として「大老」の座が用意された**と考えるべきなのである。

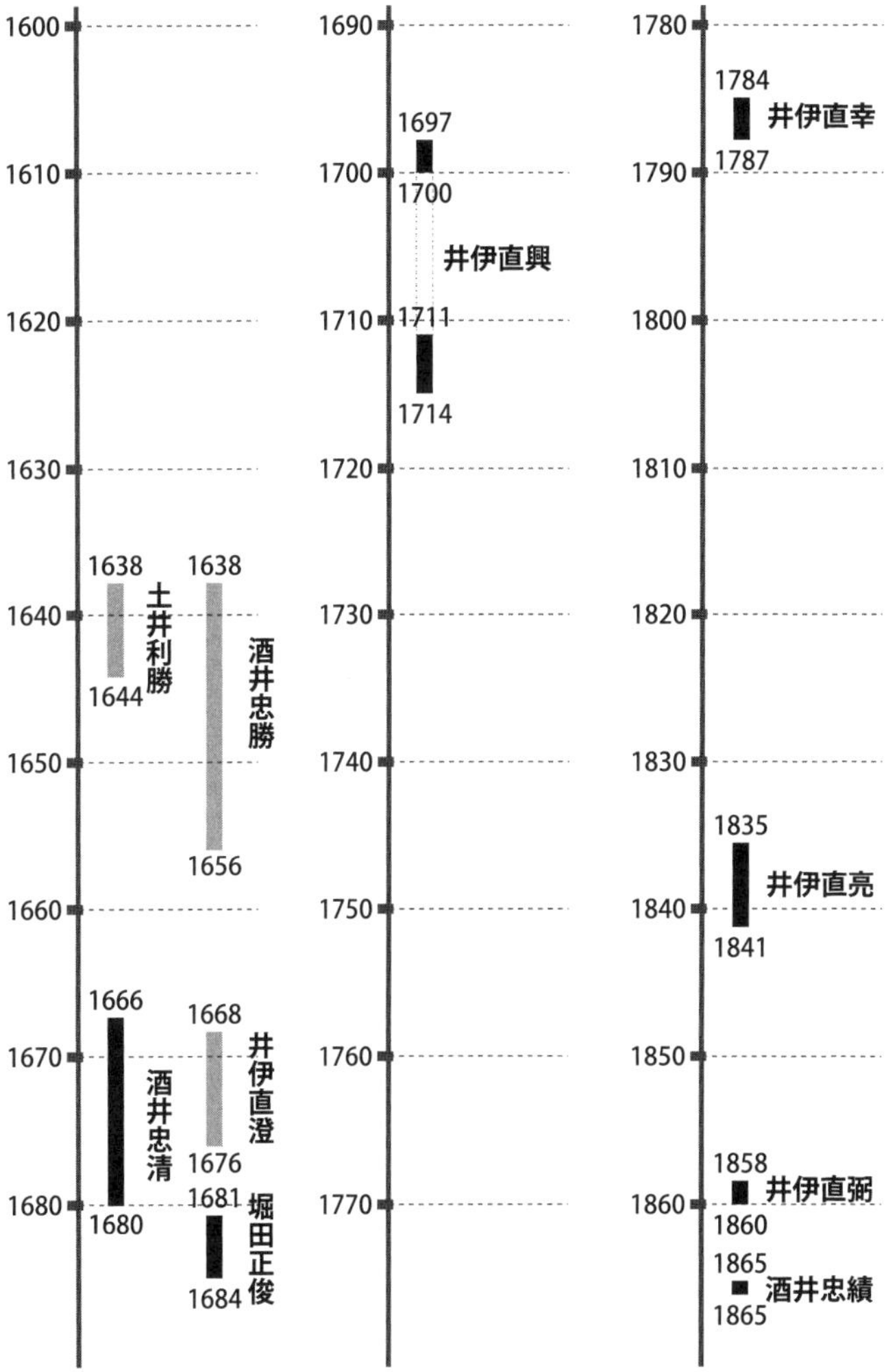

※ 山本博文著『お殿様たちの出世』(新潮選書)より
『日本大百科全書』の「大老」の項目より(北原章男執筆)

老中の1日

老中の仕事は楽勝？　それとも激務？

それでは、ここで老中が実際にどのような仕事をしていたのか、その1日を追ってみることにしよう。

老中の朝は遅い。4～5名いる老中の中でも、その月の当番となっている者（月番老中《つきばんろうじゅう》）は、四《よ》つ時《どき》の太鼓《たいこ》の音を合図に屋敷を出て江戸城へと向かう。四つ時とは、季節によって違うのだが、おおよそ午前10時ごろである。その他の老中は四つ半、すなわち11時頃に江戸城に入る。他の役人たちは四つ時には登城しているから、まさに重役出勤《じゅうやくしゅっきん》である。また、老中は左図を見ればわかるように、江戸城本丸御殿のすぐそばに屋敷を与えられていたから、出勤もかなり手軽なものだった。

ただし、これは江戸城に出勤する時間帯であり、月に何度かは**対客日**《たいきゃくび》・**逢日**《ほうび》という日が設けられ、老中は登城《とじょう》前に他の大名や旗本たちの陳情《ちんじょう》などを聞き入れた。この日は、陳情等を聞いてもらえるよう、夜明け前から大名屋敷に大勢の人が訪れたという。

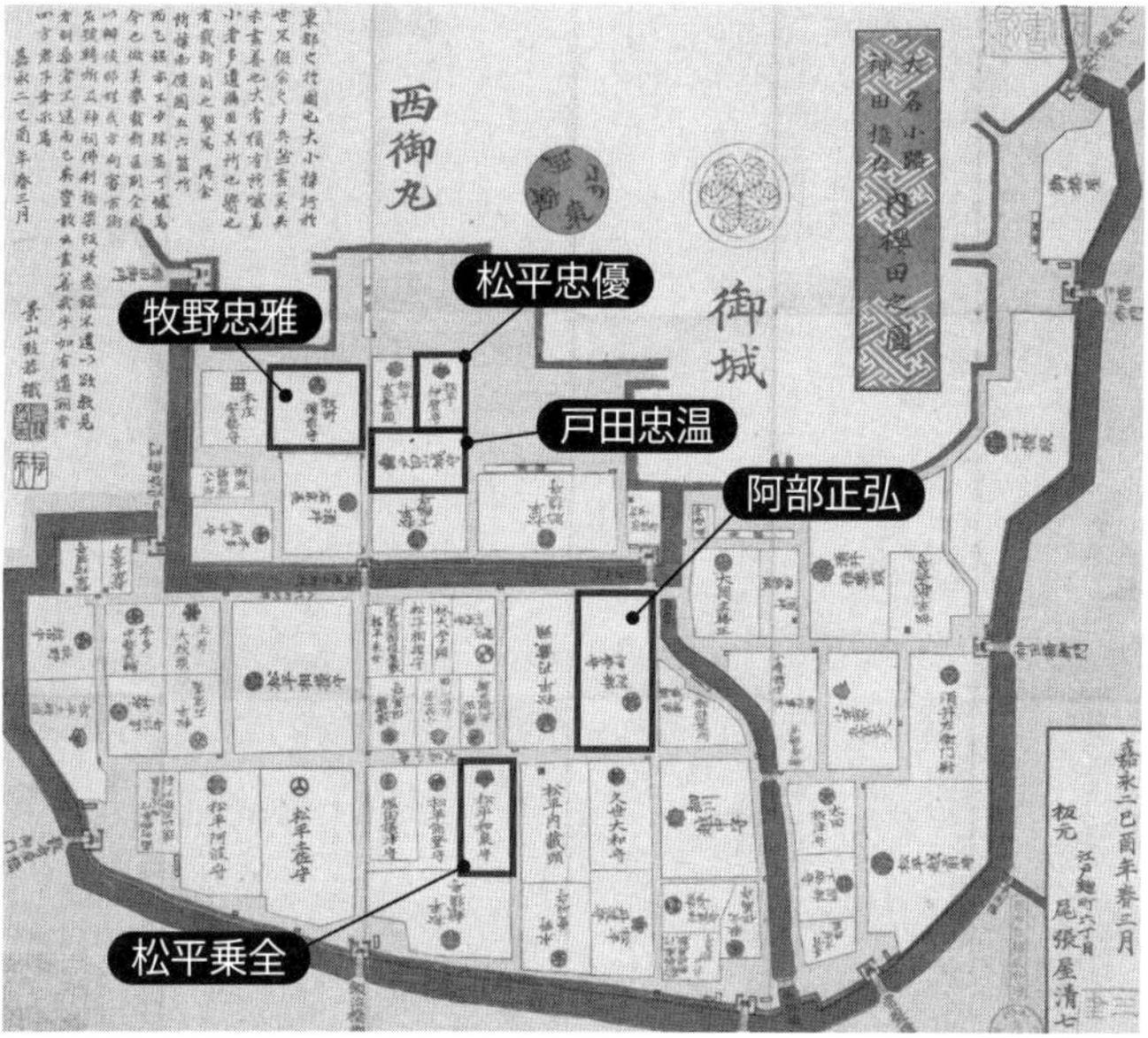

幕末も近い、嘉永２年の江戸城周辺地図。当時の5名の老中の屋敷がすべて本丸のすぐそばにあることがわかる（国立国会図書館蔵の切絵図に説明を追加）

さて、江戸城本丸に登城した老中たちは、納戸口《なんどぐち》から、すぐ近くにある下部屋《しもべや》に入った。これは控《ひかえ》室《しつ》のようなものである。そこで全員が揃ったのを確認すると、今度はうやうやしく廊下を通り、執務室である「御用《ごよう》部屋」に移動する。その際、先に出勤していた役人たちが廊下や部屋の前などで、次々とあいさつをしたという。

老中は、この20畳《じょう》ほどの御用部屋に並んで座り、政務をとる。政務は、幕政全般にかかわることで、大名をはじめ公家、寺社等の統制、役人への指示、財務、外交など多岐《たき》にわたる。願書や諸届の窓口、小事の決済は月番老中が行なうが、大事は合議により決められる。実務としては公文書（老中奉書）へ連署して判を添えることが重要な役割となる。

先述したように、奥右筆という役人が秘書的役割を果たし、実務をこなしていく。奥右筆は幕末には、50〜60人はいたとされる。また、若年寄らの役人を呼びつけ、必要事項を確認し、職務を指示することもある。さらに、御用部屋には、御用部屋坊主《ぼうず》がいて、部屋の掃除や執務道具の整備、お茶の給仕などの雑用を行なっていた。

昼食後、各役人の部屋を歩いて回る「廻《まわ》り」という日課が行なわれる。御用部屋坊主が先導し、各役人がうやうやしく挨拶するこの行為は、老中の権威を高める役割を果たしたことだろう。

執務は、八《や》つ時から八つ半（午後2〜3時頃）には終わるから、就業時間は長くはない。しかし、「残業」となることもあり、帰宅してからも領内のことなどでさまざまな仕事、気苦労が待っていたから、特に月番老中となると多忙な日々を覚悟しなければならなかったようだ。

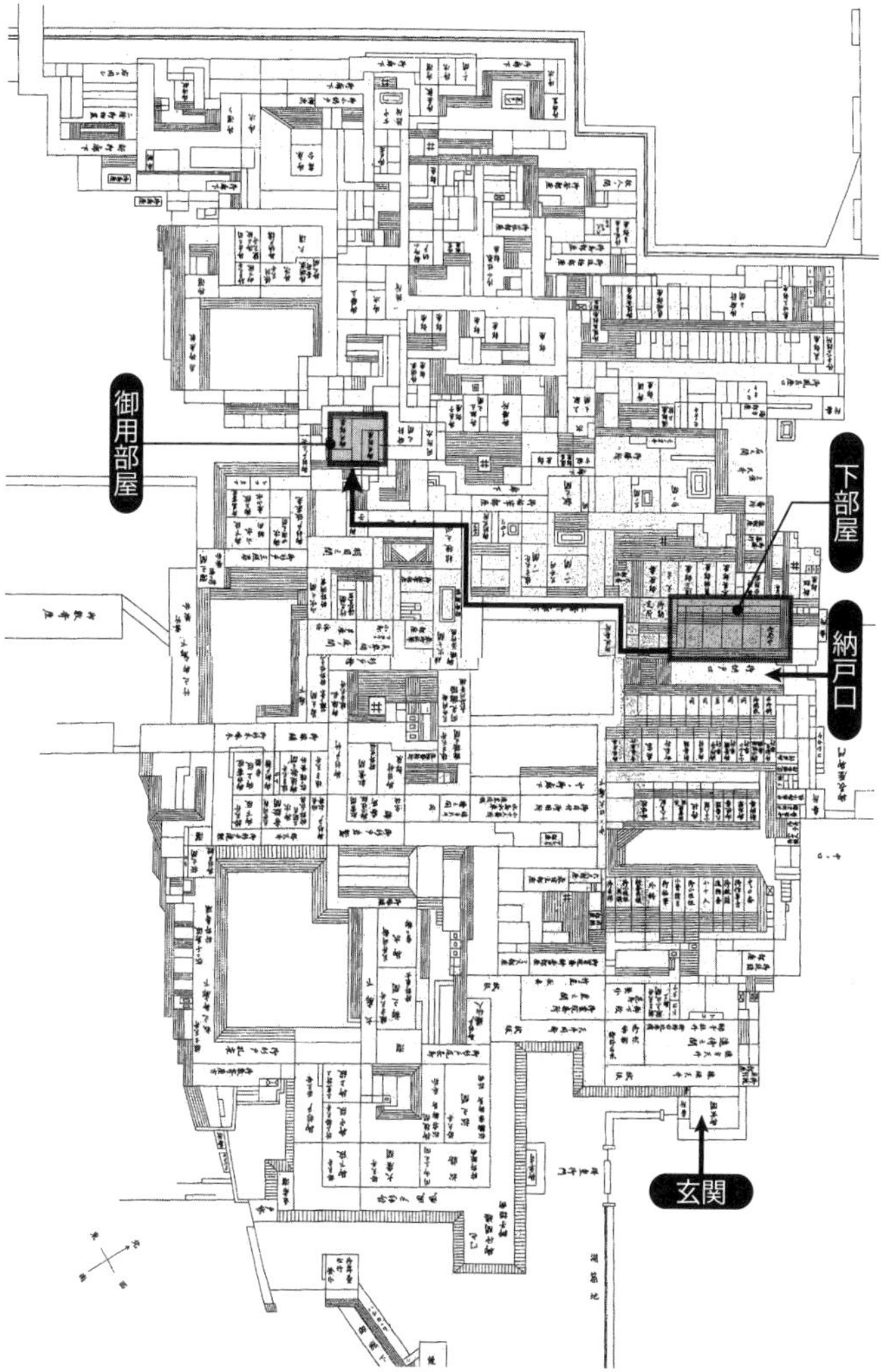

江戸城本丸御殿の図（国立国会図書館蔵）。老中は玄関ではなく、納戸口から入り、いったん、控室である下部屋に入った後、執務室である御用部屋へと移動した

老中への道

険しかった老中への道

老中という仕事は、むろん、多忙ではあるが、多くの人からの尊敬を集め、国を動かすというやりがいのある仕事だったことは間違いない。しかし、誰もがなれる職業ではもちろんない。それでは、実際にどのような人が老中になれたのだろうか。

老中になるには、**家柄、個人の力量、そして運**の三つが必要といえよう。まず、家柄について、基本的には3万石以上の領地を持つ城持ち大名であることが条件とされている。ただし実際には、3万石未満であっても、老中となる際に加増された例もあるので、絶対的な基準ではない。たとえば著名な田沼意次などは、側用人となった時には2万石、老中格とされた時に2万5千石の大名だったが、老中になるとさらに5千石加増され、3万石となっている。また、3万石以上でも、特定の役割を持った家からは老中になれないという決まりもあった。たとえば、天保《てんぽう》の改革を行なった水野忠邦は、もともと肥前《ひぜん》国唐津《からつ》藩（佐賀県唐津市）6万石の領主であったが、唐津藩は長崎を警固する役割を担っていたために、老中にはなれない家柄とされていた。そこで水野は老中になるために、国替えを希望し、ついに受け入れられ、老中への切符を手にしたのである。

このように、老中になるためには、ある程度、高い家柄であることが必要とされる。しかし、それだけではなく、何人も規定を満たす大名がいる中で、実際に狭き門をくぐるためには、本人の努力と領国経営などで問われる政治的手腕が必要になる。逆にいえば、本人の熱意と実力さえあれば、田沼意次や水野忠邦のように、多少生まれが不利な条件下にあってもそれを乗り越えることは可能だったともいえよう。

もう一つの条件、それはやはり運である。老中になれるのは、一時期に4~5名。いかに家柄がよく、力量があっても、有能な前任者がいつまでも居座っていれば、老中になることは難しい。事実、家柄、力量の両方において自他ともに認める実力者でありながら、空きがなかったためにあと一歩のところで老中になれずに終わった大名もかなりの数がいた。運を味方につけられるかどうかも、大きなポイントだったのである。

老中になるルートは決まっていた?

次に、どのような職種を経て老中になるのか、その軌跡について説明していこう。ただし、それは時代によって大きく異なる。ここでは、江戸時代全体を通じてどのような人がどうやって老中という職に就いているのかについて、簡単に述べておこう。

おおよそ四代将軍・家綱《いえつな》までは、前代の将軍を支えてきた側近、および現将軍が小さい頃から仕えてきた**側近たちが老中として政務を担っていた**。逆のいい方をすれば、幕府の職制がおおむね固まるのが三代将軍・家光《いえみつ》の時代であり、家康や二代将軍・秀忠《ひでただ》の時代には「**年寄**」などと呼ばれていた参謀や側近たちが、「老中」という名前で呼ばれるようになり、正式な幕府最高の職とされたのが、その頃なのである。

この状況が少し変わるのが、五代将軍・綱吉《つなよし》の時代である。その理由は明確だ。これまでの初代から四代将軍までは、親から子へと将軍職が受け継がれてきた。しかし、四代将軍・家綱《いえつな》には跡継ぎとなる子どもが生まれなかったため、上野国《こうずけのくに》（群馬県）館林《たてばやし》城主であった将軍の弟が跡を継ぐことになった。それが綱吉である。そのため、綱吉には、幕府の役人たち（幕閣を構成する譜代大名たち）の中に側近といえるような強いつながりを持った大名がいなかったのである。

そこで綱吉の時代には、子どもの頃からの側近といった個人的なつながりのある人物よりも、幕府内で地道に官僚として出世を果たしてきた人物が、老中に選ばれ幕閣のトップに立つ、というルートが確立してくる。官僚としての出世コース、エリートコースが生まれてくるのだ。それはおおむね**奏者番**《そうじゃばん》（殿中での儀礼執行役）**↓寺社奉行**（寺社、寺社領の統制役）**↓大坂城代**（大坂城守護と西国大名監察《かんさつ》役）または**京都所司代**《しょしだい》（朝廷や西国大名の監察役）↓老中という流れである。

ただし、五代将軍・綱吉の時代からは「側用人」という将軍のそばに仕《つか》え、将軍と老中のつなぎ役となる役職者が、時には老中以上に強い力を持つ状況も生まれてくる。幕政を担う譜代大名たちに知り合いのいなかった綱吉が、小さい頃から使っていた家格の高くない人たちをそばに置き、政治に参加させたのが始まりである。

その後、八代将軍・吉宗《よしむね》の時代に側用人の力は弱まるのだが、九代将軍・家重《いえしげ》の時代に再び側用人が力を持つようになると、今度は綱吉の時代とは少し違った状況が生まれ始める。**側用人を経て老中に就任する**という形態が生まれてくるのだ。典型的な例が十代将軍・家治《いえはる》の時代に側用人から老中となった田沼意次である。

ただし、これまでの奏者番↓寺社奉行↓大坂城代または京都所司代↓老中というエリートコースも残っているので、側用人↓老中という出世コースと**二つの老中への道が存在してくる**わけである。もちろん、実際には例外的なコースで老中になる人物もいるし、十一代将軍・家斉《いえなり》の頃には、若年寄から老中になるというあらたなエリートコースをたどるものも増えてくる。

いずれのコースをたどるにしても、その多寡《たか》はあれ、家柄、力量、そして運に恵まれなければ、老中にはなれない。また、無事老中になれたとしても、無事職責を果たし後世に名を残せるかは、また別の力量と運が必要になった。彼らの中には、とんだ裏技《うらわざ》を使って老中の座を獲得した人間もいれば、せっかくつかんだ老中の座を仕様もない理由で失ってしまった者もいる。

次章からは、江戸幕府の政治機構の頂点に立った男たちのさまざまなエピソードを、たっぷりとご紹介していくこととしよう。

第1章

天下泰平《たいへい》の国づくりに奔走《ほんそう》

江戸初期の老中・大老たちの面白エピソード

この章では、江戸幕府草創期から五代将軍・綱吉の頃までの老中を取り上げる。生まれたばかりの幕府が、徐々に政治機構等を確立しつつある時期で、老中ら幕閣と将軍との個人的な人間関係が濃厚に現れている時期でもある。それゆえ、さまざまな人間模様が垣《かい》間《ま》見られる時代でもあった。

本多正信と大久保忠隣

火あぶりから遺子七人殺害まで〜激しかった権力争い

タイプの違った初期老中

戦国時代から江戸幕府草創期にかけて、初代将軍・家康《いえやす》、二代将軍・秀忠を助け、初代老中とも称されるようになったのが**大久保忠隣**《ただちか》と**本多正信**《ほんだまさのぶ》である。しかし、この二人、経歴や活躍ぶりはまったく正反対ともいえる間柄だった。

大久保家は、古くより徳川（松平）家に仕《つか》えており、年齢が家康より11歳若い忠隣は、1563年、10歳の時から家康の**近習**《きんじゅ》としてそば近くに使えることとなった。

初陣《ういじん》はその5年後で、この時、早くも敵兵の首級《しゅきゅう》をあげている。武功派の片鱗《へんりん》を早くも見せ始めていたのである。

その後も姉川《あねがわ》の戦い、三方ヶ原《みかたがはら》の戦い、小牧《こまき》・長久手《ながくて》の戦いなど、多くの戦《いくさ》で功績をあげ、徳川家臣の誰からも一目《いちもく》置かれる歴戦の勇士となった。

一方の本多家もかねてより徳川（松平）家に仕えてきた家柄で、正信は家康より4歳年上。幼い頃から家康に仕えてきた。

しかし、ひたすら家康に忠義を尽くしてきた大久保忠隣と違い、本多正信は一度だけ主君・家康に刃《やいば》を向けたことがある。1563年、徳川（松平）の地盤である三河《みかわ》の地で一向一揆《いっこういっき》が起こると、敬虔《けいけん》なる一向宗徒《いっこうしゅうと》だった正信は、一揆方に加わったのだ。それはちょうど、大久保忠隣が家康の近習となったのと同じ年の出来事であった。

一度は家康を裏切りながらも、のちに老中となった本多正信

一揆が沈静化した後は加賀国（石川県南部）に逃《のが》れていたのだが、やがて許され、再び家康に仕えるようになる。その際、家康との仲をとりもってくれたのは、大久保忠隣の父・忠世《ただよ》であったという。以降、本多正信は、家康の側近として、主に民政部門で活躍した。家康が江戸入りしてからは江戸の町づくりに力を注ぎ、家康との主従関係は「君臣の間、相遇《あいあ》ふこと水魚の如し」といわれるほどであったという。

このように、徳川家一筋に忠節を尽くし、武門の雄として他の徳川家臣からも尊敬を集めてきた大久保忠隣と、一度は家康を裏切っておきながら、戦ではなく官僚として力を発揮し、めきめきと頭角を現わしてきた本多正信の両名が、**やがて反目し合うようになる**のは、当然の流れだったのかもしれない。二人は、家康の跡継ぎを誰にするかでも対立。この時は、大久保忠隣の意見が通り、三男の秀忠が二代将軍となることになった。

❖たくさんの犠牲者を伴った二人の争い

こののち、大久保、本多両家の争いは加速していく。

1612年、本多正信の長男・正純《まさずみ》の家臣・岡本大八《だいはち》の収賄《しゅうわい》事件が発覚する。これにより岡本大八には財産没収のうえ、火あぶりという厳罰が下されたのだが、その断罪に一役買ったのが、大久保忠隣の部下である大久保長安《ながやす》であったとされている。この事件により本多家側は大きな痛手を被《こうむ》った。

しかし、その翌年、金銀鉱山開発などで功績をあげ、岡本大八事件にも関《かか》わったとされる大久保長安が病死。すると、この長安が、生前、金銀開発において不正を働き、さらに幕府転覆《てんぷく》の陰謀《いんぼう》を企《くわだ》てたとして罪に問われた。結果、こちらも遺子七人が切腹という厳罰に処せられたのである。

そして同年、ついに大久保忠隣本人が、無許可で婚姻を進めたとして領地を没収されてしまう。その裏には、大久保長安事件に連座《れんざ》し、謀反《むほん》を企てたという本多家側からの讒言《ざんげん》があったといわれている。実際には本多正信との政争に敗れ、大久保忠隣は失脚したといってよいだろう。

武功派であった大久保忠隣が政争に敗れ、官僚的側近であった本多正信が勝利を収めたというのは、戦国の世も終わり、天下泰平の時代の到来を告げる象徴的な出来事であったといってもよいかもしれない。

しかしながら、本多正信の子孫は、息子の正純が就いて以降、老中を輩出することはなくなるのだが、大久保忠隣の子孫からは再び老中となる者も出てくる。政争に敗れ、失意のうちに世を去った忠隣の無念の想いが、両家の将来に強い影響を与えたのかもしれない。

宇都宮釣天井事件の真相

本多正純

老中による将軍暗殺未遂事件？

二代将軍・秀忠の時代に、なんと**時の老中が将軍を暗殺しようとした**という噂が立つ。しかもその殺害方法が、自らの居城に将軍を宿らせ、大規模な工事によって取り付けた釣《つり》天井《てんじょう》によって将軍を圧殺しようとしたというのだ！

もちろん、計画は実行されず未遂に終わるのだが、その将軍殺害を企画した人物が、**かの本多正信の長男・正純《まさずみ》**だというのである。初期江戸幕府を震撼《しんかん》させた出来事だったといえよう。

本多正純は、父とともに徳川家に仕えた重臣中の重臣である。家康が将軍の座を秀忠に譲り、駿河国に居を移した際には家康付きの側近として活躍した。

ライバルであった大久保家を追い落としてからは、本多正信、正純父子は、政権を我がものにしたはずである。

事実、正純は、1616年、徳川家康と父・正信が相次いで亡くなってからも、二代将

明治期にたくさんの書物となった宇都宮釣天井伝説（国立国会図書館蔵）

軍・秀忠に仕えている。

また、1619年には、宇都宮《うつのみや》藩主となり、15万5千石にまで大加増されているのだ。

そんな本多正純が、なぜ将軍殺害などという大それた計画を実行しようとしたのだろうか。

釣天井事件の経緯

ことの経緯はこうである。

本多正純が宇都宮城主となって3年後の1622年4月、徳川家康の七回忌のために将軍・秀忠は、日光社参を行なった。

その際、予定では秀忠は帰路、宇都

宮城に宿泊予定だったのだが、急に予定を取りやめ、江戸へと帰参しているのだ。その後、秀忠は側近に宇都宮城を検分《けんぶん》させており、同年10月、突然に本多正純は改易《かいえき》となり、出羽国《でわのくに》（山形県、秋田県）に移されることとなった。

当初は出羽国由利《ゆり》（秋田県南西部）に5万5千石の知行《ちぎょう》を与えられるはずだったが、正純はこれを固辞。

結果、わずか千石の賄《まかな》い料だけを与えられ、二度と中央政権に返り咲くことなく、北の地でその生涯を終えるのである。

これにより、本多正純が前代未聞となる釣天井による将軍暗殺を企画したが、秀忠に見破られお咎《とが》めを受けた、という噂が人口《じんこう》に膾炙《かいしゃ》することとなったのである。

しかも、この事件には黒幕がいると噂された。

一人は、時の老中・土井利勝《どいとしかつ》である。幼少より秀忠に仕えてきた彼にとっては、元は家康付きの側近であり一世代前から父子で権力を握っていた本多正純が邪魔で仕方がなかった。

そこで土井利勝は、宇都宮転封から始まる本多正純失脚計画を立案。彼の筋書き通りにことが進んだという話である。

また、もう一人の黒幕は、本多正純が城主となる前の宇都宮城主・奥平忠昌《おくだいらただまさ》の祖母・加納御前《かのうごぜん》（亀姫《かめひめ》）だとされている。

彼女は、本多正純が宇都宮城主になることによって、孫の忠昌が転封となるのが我慢できなかったのだという。そこで彼女が働きかけ、本多正純の失脚が決定したのだといわれている。

なぜ、彼女にそれほどの力があったのか。何を隠そう、この加納御前こそ、徳川家康の長女であり、将軍・秀忠の姉に当たる人物なのだ。天下の大将軍にとっても頭の上がらない人物だったというわけである。

釣天井事件の真相

しかし、この怪事件、真相が解明されていくと、徐々にミステリーじみた内容は消去されていく。

秀忠の日光社参の後、宇都宮城の検分が行なわれているので、実際になんらかの疑いがもたれたことは間違いないのだが、釣天井なる恐ろし気なカラクリは発見されていない。

正純の改易に関しても、さまざまな圧力が加わったことも否定はできないが、一番のポイントは、**将軍・秀忠自身が正純を嫌っていた**ということにあったようだ。正純は、秀忠が断行した福島正則《まさのり》改易事件などに異を唱えたことがあったし、大加増となる自身の宇都宮転封に関しても当初、固辞し続けたという事実があった。

また、ようやく大御所・家康の死によって自らが将軍として権力を発揮できるようになった秀忠にとって、かつての家康付きの家臣の意見を聞くことは、死せる家康の呪縛からいまだ解き放たれない気分を味わわせることになっただろう。秀忠が、本多正純を疎《うと》ましく思う素地《そじ》はそろっていたのだ。

こうして、かつて大久保家との権力争いに勝った本多正信・正純父子の子孫は、エリートコースから外《はず》れてしまう。

そして、宇都宮釣天井事件は、江戸から明治時代にかけての庶民の心に強いインパクトをとどめ、数々の俗説が生まれていった。中には、時の将軍を三代将軍・家光にさし替え、よりドラマティックな内容に脚色された俗説などが出回り、講談や歌舞伎などの演目として広く知られるようになったのである。

最初の大老は家康の隠し子だった？

土井利勝

権力を独占した大老

「宇都宮釣天井事件」の際にもその名が出てきた**土井利勝**。彼は1579年に二代将軍・徳川秀忠が誕生すると同時に側近としてそばに仕えるようになった。当時まだ、利勝も6歳の少年であった。

関ケ原の戦いの際には、秀忠の上田城攻めを補佐し、戦後、下総国《しもうさのくに》（千葉県北部他）小見川《おみがわ》に1万石の知行を与えられ、秀忠が将軍となったのちの1610年には、同じ下総国佐倉を加増され3万2千石余りを領し、老中となる。

このあとも加増が繰り返され、1625年には14万2千石という大きな所領を得る。この間、秀忠の側近として力を発揮し、「凡《およそ》国家の政事《まつりごと》あづ《ず》かりきかずといふ《う》ことなし」「今は、だれもかれも大炊殿《おおいどの》（土井利勝）へ頼み入る体と相見へ《え》申候《もうしそうろう》」といわれるほどの権力を独占していったのである。

1632年、赤子《あかご》の頃から尽くしてきた秀忠が亡くなると、今度は秀忠の子である三代将軍・家光に仕える。

1633年には下総国古河16万石を領すようになり、1638年には、後述する酒井忠勝とともに、日常的な小事にかかわらず、毎日登城する必要もないという老中よりも一段上の地位に格上げされる。

この時をもって、「大老」の始まりとする説が強い。

このように、土井利勝が、昔からの重鎮《じゅうちん》といわれるような家柄の出身でないにもかかわらず、とんとん拍子に出世したのはなぜであろうか。むろん、高い忠誠心、すぐれた知見という本人の資質も関係しただろうが、実はそれだけではない、という噂が江戸時代当初からあった。それは利勝の出生の秘密にあるという。

✠土井利勝の本当の父親は？

のちに六代、七代将軍に仕えて政治を行なった儒学者《じゅがくしゃ》・新井白石《はくせき》の『藩翰譜《はんかんふ》』という著書では、土井利勝の実の父親が、水野信元《のぶもと》という武将だったという説を紹介している。この水野信元の死後、土井家に預《あず》けられ無事生育したのが、土井利勝だというのである。この水野信元とは、家康の生母・伝通院《でんつういん》（於大《おだい》の方《かた》）の異母兄、すなわち家康の伯父《おじ》に当たる人物だった。

もし、本当に土井利勝が水野信元の子であるなら、家康とは従兄弟同士ということになるのだ。

どことなく家康と似ている?土井利勝の肖像

ところが、もっと驚きの説がある。同じく江戸時代中期に江戸千駄ケ谷《せんだがや》の住職が著《あらわ》し成立した『明良洪範《めいりょうこうはん》』という逸話・見聞集には、「一説には神君《しんくん》（徳川家康）の御落胤也《ごらくいんなり》と云《いう》」と書かれている。
つまり、土井利勝は**家康の隠し子だった**というのである。
さらにこの『明良洪範』には、こんなエピソードも記《しる》されている。
ある日、殿中《でんちゅう》にてある人が利勝のひげを見て、「貴殿のひげは、神君（家康）のひげによく似ている」といったというのだ。

すると、利勝は翌日、ひげをそり落として登城し、多くの人を驚かせた。この当時、ひげは立派に生《は》やしておくのが常識だった。

しかし、利勝がひげをそり落とした姿を見て、多くの人々がその真似をしてひげをそるようになった、という話である。

このエピソードからは、皆がその所作《しょさ》を真似するほど土井利勝が慕《した》われていた、ということがわかる反面、当時から、「土井利勝と徳川家康の顔が似ている。ひょっとして土井利勝は家康のご落胤だったのではないか」という噂があり、その出生の謎を利勝のほうでは、必死に隠そうとしていたのではないか、という思いも湧いてくるのである。

残念ながら、土井利勝が、家康の従兄弟、あるいは隠し子であったという噂はあるが、それが事実であったかの確認はとれない。

しかし、そのような噂が流れるほど、土井利勝が徳川家一筋に忠誠を尽くし、当時としては長生きの部類に入る71歳まで幕府の中心として活躍をしていったのは間違いない事実である。

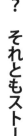

忠臣？　それともストーカー？

酒井忠勝

自由なふるまいも見られた三代将軍徳川家光の肖像

草鞋が生温かった理由とは

土井利勝とともに**最初の大老**と目《もく》されるようになるのが**酒井忠勝**である。13歳の時に、徳川秀忠に従って関ケ原の戦い（上田城攻め）に出陣。1620年、のちに三代将軍となる家光に仕えることとなる。

この家光、若い頃は、男色、女装、踊りが趣味という武家の棟梁《とうりょう》としては少々問題のある青年だった。また、外出が大好きで、将軍となってからもたびたびお忍びで町を歩いたという。お忍びの外出で食べたサンマの味が忘れられなかった殿様を主人公にした落語『目黒のサンマ』は、家光がモデルだという説もあるくらいなのである。そんな家光は、ある時、酒井重隆という男色相手に夢中になり、夜な夜なその家に通っていたことがあった。そのことを耳にした忠勝は「これが人様《ひとさま》に知れるようになったら、夜の道中の安全が覚束《おぼつか》ない」と考え、それ以降、家光が夜分出かけるたびに、こっそりと後をつけ、自主的に護衛の役割を担ったという。さらに、家光が男色相手の家に入ると、木陰《こかげ》に隠れてじっと待ち、帰還する際には、またひっそりと後をつけていったのだという。事情を知らない人が見ていたら、ストーカーかと間違われても仕方がないような献身ぶりなのである。また、寒い日には、家光が男色相手の家に入る時に脱ぎ捨てた草鞋《わらじ》を懐《ふところ》で温《あたた》め、家光が帰る頃に元に戻したという。こんなことが何度かあった頃、家光も冬の日であるのに温かい草鞋を不審に思い始めた。最初は男色相手の心遣《づか》いかと思っていたのだが、どうやらそうではなく、酒井忠勝が誰にも知られず護衛の役を買って出て、そのついでに草鞋を温めていたのだと知る。その主君を思う気持ちを知った家光は、以降、不要な夜の外出は慎《つつし》むようになったという。

こんなことがあってから、家光は酒井忠勝を「二心なく自分のことを第一と考えてくれる忠臣」と称え、「これからも腹蔵《ふくぞう》なく、思った通りのことを語ってほしい」といった趣旨のことを直筆《じきひつ》の手紙で忠勝に送っている。

❖四代将軍の仰せに異を唱えた真意とは

三代の将軍に仕えた酒井忠勝

酒井忠勝は、家光の死後も、その生前の希望により、家光の息子である四代将軍・家綱の補佐を行なうこととなる。家綱との間には、こんなエピソードが伝わっている。

当時、江戸城の庭に大きな石があった。これが武芸の稽古《けいこ》などをするのに邪魔だということで、家綱が忠勝を呼び出して排除するよう命を下した。ところが、酒井忠勝はこれを拒否したのである。この巨石を動かすには、何十人もの人手が必要となる。その労力もさることながら、城内にそれだけの人を入れるのもよいこととは思えない。もし、外に出せたとしても、今度は塀《へい》や建物を傷つけることになるかもしれない。そんな理由を並び立てたのである。

すると、そののち、別の家臣（一説には後述する松平信綱という）が出てきて、忠勝に対し、「石を排除するのが難しければ、大きな穴を掘って埋めてしまえばよいのではないですか」と意見を述べたという。すると、忠勝は、「おっしゃる通りだが、そのように取り計らってしまえば、若い家綱殿は、どんなことでも簡単に意のままになるようにお思いになるかもしれない。そういった気持ちが増長すれば、果ては天下の懸念材料にもなるだろう。どんなに権勢があろうと、思いのままにならないことがあるものと思召《おぼしめ》されるほうが、上様《うえさま》の慎みにもなるだろうし、天下のためにもよいだろう」などと持論を述べたという。

このようにして、酒井忠勝は、老中から大老となり、69歳で致仕《ちし》する（職を辞す）まで、秀忠、家光、家綱という三代の将軍に仕え、江戸幕府の政治体制の確立と徳川家の繁栄のために尽くしたのである。

将軍傅役の悲しき末路

青山忠俊

身を挺して家光を諫めた老中

若い頃の家光が、少々個性的な趣味を持ち、奔放《ほんぽう》に暮らしていた話を前項で紹介した。その**家光の奇行《きこう》に大いに振り回された老中**がいる。**青山忠俊《ただとし》**である。

青山忠俊は、父・忠成《ただなり》とともに、二代将軍・秀忠に近侍《きんじ》。大坂の陣で大いに功績をあげ、武将としての評価を高めた人物である。大坂の陣が終わった年の9月、彼はのちに三代将軍となる家光の傅役《もりやく》を仰《おお》せつかる。家光11歳、青山忠俊は家光の父である秀忠より1歳年上の37歳のことだった。

幼少期の家光は、華美で軽薄な風俗を好み、化粧や踊りなど、およそ武家の棟梁《とうりょう》たる征夷大将軍にはふさわしくない行ないが目立っていた。そんな家光の姿を見て、根っからの武将である青山忠俊が黙っていられるわけがない。

ある日、家光は当時の華美な風俗である「流し衣紋《えもん》」というやり方で小袖を着て、悦に入っていた。それは綿を入れた袖の重みで肩が抜ける形の着こなしであり、わかりやすく現代ふうにいえば、「若者に人気のダラダラとした、だらしないファッション」といった感じである。

それを見た忠俊は、家光のそばに近づき、殴りかかるかのような素早い動作で家光の着物を正し、「将軍たる者がこのようなことに心を配るとは何事ですか！」と声を荒げて説教したという。

また、踊りに夢中になり、派手な化粧を好んでいた家光が、合わせ鏡をしながら、髪を結《ゆ》い、念入りに化粧をしていた時のこと。この姿を見た青山忠俊は、またも家光のそばに近寄り、鏡を奪い取って投げ捨て、「天下を治める身でありながら、そのようなはしたない行動は世の乱れのもとになります」と激しくたしなめたのである。これは比較的有名なエピソードであり、左ページに掲げた青山忠俊の肖像で、鬼のような顔で座している忠俊の前に描かれているのが、家光から奪った2枚の合わせ鏡なのだという。

このように、折に触れて家光を諫《いさ》め、それでもいうことを聞かない時には、もろ肌を脱いで上半身裸となり、脇差《わきざし》を隣の部屋に投げ捨てては家光に詰め寄り、「どうしてもいうことを聞かぬというのであれば、このわたくしの首を斬ったうえで、お好きなようになさるのがよろしいでしょう」と激しい口調で語ったといわれている。

幼き家光にとっては、実の親よりも恐ろしき親父、といったところであったろう。

❂諫言《かんげん》の結果は？

自ら嫌われ役を買って出て、家光の行ないを正した結果、成人した家光が立派な将軍となり、青山忠俊は家光から感謝され、異例の出世を果たした、などといったら、よくある美談だろう。しかし、家光と忠俊の二人の関係は、そのような結果にはならなかった。

1623年、家光が三代将軍に就任した直後、青山忠俊は、これまで治めていた武蔵《むさし》国岩槻《いわつき》（埼玉県さいたま市岩槻区）4万5千石から、上総《かずさ》国大多喜《おおたき》（千葉県夷隅《いすみ》郡大多喜町）2万石へと**半分以下に減封**され、のちに**蟄居《ちっきょ》処分となった**のである。

青山家に伝わる青山忠俊像

さらに、1632年、蟄居の身である忠俊に悲報が届く。かねて仕えていた二代将軍・秀忠が死去したとの知らせである。これまで陰に陽に庇護《ひご》してくれた秀忠逝去《せいきょ》の報は忠俊の胸を打った。青山忠俊は、これを機に剃髪《ていはつ》したのである。

同年、江戸から驚きの手紙が届く。忠俊の行ないを許すので、再び江戸に出て出仕せよ、との知らせである。

しかし、忠俊はこの申し出を固辞した。「わが罪を許すということは、家光殿が過去の過ちを認め、あらためたということである。ならば、わが願いは叶ったということ。もはや江戸に出ていくことで、家光殿の過ちをこれ以上世に知らしめる必要はないだろう」との言い分である。

こののち、三代将軍・家光は、武家諸法度を改定し参勤交代を制度化。また、キリスト教の禁制と鎖国を徹底するなど、二百年以上続く江戸幕府の政治基盤を整備していった。かつて男色、女装、踊りにうつつを抜かしていた少年が、押しも押されもせぬ大将軍へと成長していったのである。

それを遠くで見届けるようにして青山忠俊は、1643年、蟄居先の相模国で寂しくこの世を去った。満65歳の年のことである。

稲葉正勝

あの人の子どもが老中になっていた！

❖初期老中は将軍との人間関係から生まれた？

これまで、何人かの大老、老中を紹介してきたのだが、彼らの生きざまを見ていくと、初期の老中たちが、幼い頃より将軍のもとに仕えその個人的なつながりから信頼を勝ち取り、とんとん拍子に出世をしていったり、あるいは逆に個人的な感情から失脚していったりした様子が手にとるようにわかる。

そして、次に紹介する**稲葉正勝**《いなばまさかつ》も、間違いなく**将軍との人間関係によって出世を果たした**人物といってよいだろう。

稲葉正勝の父・正成《まさなり》は、関ケ原の戦いで東軍に寝返り、徳川家康に勝利をもたらせたことで有名な小早川秀秋に仕えた武将である。

稲葉正勝像

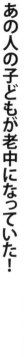

いや、それどころか、小早川秀秋が家康方に寝返ることに一役買っていたのが、稲葉正成だったという。

しかし、関ケ原の戦いからわずかに2年後、主君・小早川秀秋が20歳の若さで死去。小早川家は断絶となり、正成は浪人の憂《う》き身《み》となる。

そんな状況を救ったのが、正勝の母であった。彼女は、江戸城大奥に入り、生まれたばかりの家光の乳母《めのと》となったのである。

その際、稲葉正成とは離縁したのだが、稲葉の男たちはその恩恵を大いに受けることとなる。

当時7歳だった稲葉正勝は家光の小姓となり、乳兄弟として家康に伺候《しこう》し、以後、順調に出世を果たしていく。

一方、別れた夫である稲葉正成も、徳川家の家臣となり、1607年には美濃《みの》国（岐阜県南部）十七条藩主に、1618年には越後《えちご》国（新潟県）糸魚川《いといがわ》藩主に、そして家光が将軍となったのちの1627年には下野《しもつけ》国（栃木県）真岡《もおか》藩主となっている。

さて、稲葉正勝の母は、単に乳母として家光の養育を担当していただけではない。家光の両親、すなわち二代将軍・秀忠とその正室・お江《ごう》が、弟の忠長《ただなが》を偏愛し家光の将軍就任が危ぶまれるようになると、伊勢神宮参拝《いせじんぐうさんぱい》と称して大奥を抜け出し、なんと大御所として駿府にいた徳川家康に直訴《じきそ》。家光が将軍に就任できるよう、とり計らってもらうことに成功している。

家光の出世を心から願った乳母春日局

こののち、大奥でも絶大なる権力を握った彼女は、のちに「春日局《かすがのつぼね》」と呼ばれるようになる。

そう、稲葉正勝は、大河ドラマなどで人気を集めた**春日局の実子なのである**。

こうして、家光将軍就任の最大の功労者となった春日局の実子・稲葉正勝は、家光の将軍就任の年に老中となり、1628年、父・正成が死去すると、その遺領も継ぎ、4万石を領する真岡藩主となったのだ。

こう書いていくと、あたかも母・春日局の七光りだけで出世したようにも感じるが、決してそうではない。

加藤清正の子・忠広が改易となり熊本城を手放すこととなった時、稲葉正勝は城の受取役を任され、その功績により、8万5千石の小田原城主に任命されている。

親の七光りだけではなく、幼い頃から家光に仕えた**忠誠心と着実な職務遂行能力が出世を支えた**といってよいだろう。

しかし正勝は、1632年、大御所秀忠が亡くなり、三代将軍・家光の時代が訪れようとしていた翌1633年、病に倒れてしまう。

そして翌年早々に、37歳の若さで没してしまったのである。実母・春日局よりも早い、惜しまれる最期であった。

「もはや人ではない」と称された知恵者

松平信綱

幼い頃からの忠義もの

三代将軍・家光、および四代将軍・家綱に仕えた老中として著名なのが、**松平信綱**である。あだ名は「**知恵伊豆**」という。信綱が伊豆守《いずのかみ》であったことと、「知恵出《い》づ（知恵が出る、現れる）」をかけての言葉である。知恵者として知られる彼は家光からの信任も厚く、「伊豆のような者がもう一人いれば、天下の政《まつりごと》は速やかなのに」といわしめたとされている。

また、同じく家光の言葉として「わが右手は讃岐《さぬき》（酒井忠勝）、左手は伊豆（松平信綱）」というのも残されており、「ストーカー老中」酒井忠勝と並び称されるほどの信任を得ていたとされているのだ。しかも、その酒井忠勝をして、「伊豆守と知恵比べなどするのは愚かである。**あれは人間と申すものではない**」と人間離れした頭脳を評せしめてさえいるのである。

信綱は、家光が誕生してすぐに小姓として仕えている。当時8歳。幼い頃より家光の信任を集めていた。こんなエピソードが伝わっている。

ある日、家光が、父・秀忠の寝所のそばに雀《すずめ》の巣を見つけ、雀の子をとってくるように信綱に命じた。江戸城本丸御殿の高い屋根に巣くった雀の子をとってくるのは、子どもにとっては至難《しなん》の業《わざ》である。しかも、将軍秀忠の寝所近くまで忍び込むわけであるから、もし見つかれば、相当のお咎《とが》めを覚悟しなければならない。しかし、信綱は危険を顧みず、屋根伝《づた》いに御殿をわたり、無事、雀の巣まで到着した。そうしてあと一歩、というところで足を踏み外し、大きな音を立てて屋根から落ちてしまったのである。「すわ曲者《くせもの》か！」すぐに集まってきた人々に、信綱は捕《とら》えられ、将軍秀忠から直々に尋問を受けることになる。

「何をしておった！　家光の命によるものか？」

ところが、信綱は、秀忠からの厳しい尋問を受けても、「手打ちにするぞ」と刀を抜かれても、それが家光からの指示であると一切口を割らなかった。ついに堪忍袋《かんにんぶくろ》の緒《お》が切れた秀忠は、信綱を袋に入れて柱から吊るさせた。子どもには厳しすぎる仕打ちである。しかし、それでも信綱は固く口を閉ざしたままだった。

ついに根負けしたのは、秀忠のほうだった。「二度とこのようなことはするな」ときつくいい含めて、信綱を戒めから解き放した秀忠は、のちに周囲のものに、「家光にとって、またとない忠臣ができた」と笑みを浮かべて語った、という。

この話は、近代になって修身の本などにも記されるようになったエピソードである。松平信綱は知恵者であるとともに**忠臣として世に知られることになった**のだ。

島原の乱で大活躍

その後、松平信綱は、家光が将軍となった年に伊豆守、1633年、老中となり、武蔵国忍《おし》城3万石の城主となる。さらに、1637年、島原の乱（島原・天草一揆）が起こると、その鎮圧のための司令官として現地に派遣される。「鎮圧に失敗したら、二度目の奉公はない」と背水の陣で臨んだ信綱は、オランダ船から一揆勢を砲撃させるなど、大胆な手法も駆使しつつ、無事、乱を平定させた。これにより名声を高めた信綱は、1639年には武蔵国川越6万石の城主となり、のちには7万5千石に加増されている。

ちなみに、島原の乱を平定した帰り道、信綱は長崎、平戸に立ち寄り、オランダ商館を視察した。その際､商館の倉庫が城郭の趣を持っていたため､警戒の念を強くしたという。乱の平定のために外国船からの砲撃を利用した信綱だったからこそ、西洋文明の恐ろしさが身に染みてもいたのだろう。その後、幕府は西洋との貿易を極端に制限した「鎖国」と

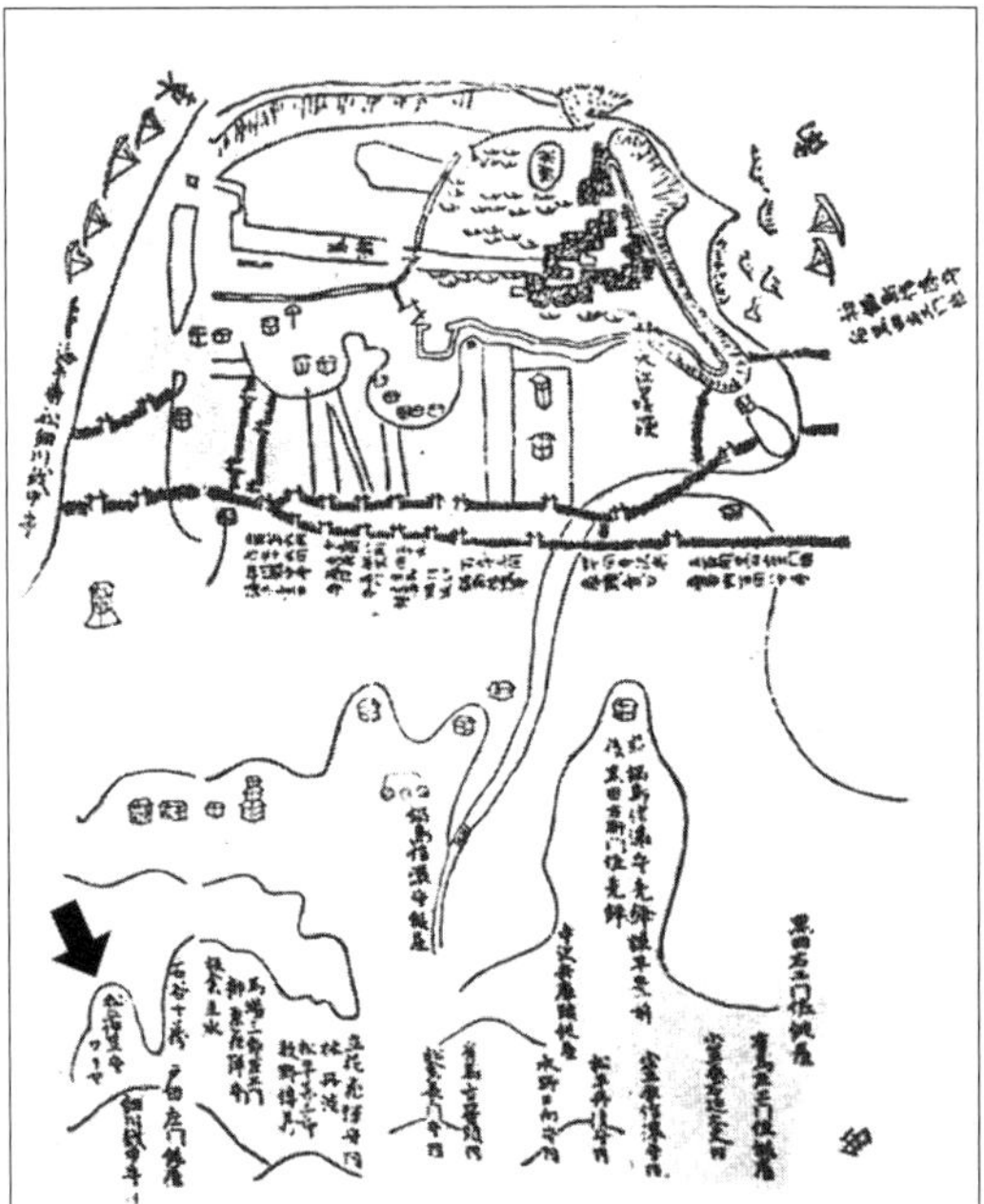

島原の乱の戦陣図。左下の矢印のところに「松平伊豆守」の名が見える〈矢印は編集部にて挿入〉（国立国会図書館蔵）

いわれる体制を整え、オランダ商館を出島へ移した。その背景に老中・松平信綱の働きがあったことは間違いない。

　その後、松平信綱は、四代将軍・家綱にも仕え、由井正雪の乱や明暦の大火で動揺が見られた江戸幕府を、保科正之らとともに支えていった。また、川越の町の開発、整備にも尽力して、領内でも名君と称えられた。そして、1662年、66歳で逝去するまで、幕政の中核である老中をつとめ上げたのである。

老中になれたのは、将軍の男色相手だったから?

堀田正盛

公然の秘密?

堀田正盛は、「春日局の義理の孫」と表現されることがよくある。しかし、「義理の孫」とは、どういう関係だか、少々わかりづらい。要するに、堀田正盛の母方の祖父が春日局の元夫である稲葉正成なのである(逆のいい方をすれば、堀田正盛は『稲葉正成と先妻との間に生まれた娘の子』ということになる)。現代から見れば、多少遠い関係のように感じるが、多少なりとも春日局と親戚関係にあることは、堀田正盛の出世に大きく影響を与えていたようだ。

堀田正盛は、1620年、小姓として徳川家光に仕える。家光16歳、堀田正盛12歳の年である。年上だった松平信綱とは違い、弟のような存在だったという。いや、それどころか、弟を超える存在だったといってよいだろう。

堀田正盛は家光の男色相手だったのでは?といわれている。新井白石の残した『藩翰譜』には「双《ならび》なき寵臣《ちょうしん》なりし」とあり、特別に愛された間柄だったことが暗示されている。他にも二人の関係を匂わせる史料があり、**二人の関係は公然の秘密**といったところだったようである。

その後、堀田正盛は出世の階段を駆け上がる。家光が将軍となった1623年、相模国に700石を得たことを端緒《たんしょ》として、3年後には小姓組番頭《こしょうぐみばんがしら》となり1万石を領し、1633年には老中となる。25歳の若さである。その後、1635年には武蔵国川越藩主、1638年には信濃国松本藩主、1642年には下総国佐倉《さくら》藩主となり、11万石を領する大大名となるのである。

大江戸を形づくった男たちの愛と死

1651年4月20日、江戸幕府三代将軍・徳川家光が死去した。多くの人々が嘆き悲しむ中、堀田正盛の告げた言葉が、幕府の公式歴史書である『徳川実紀』に記されている。

「我身は各《おのおの》もしられしごとく、少年よりして格別の御寵《おんちょう》を蒙《こうむ》り、浅才《せんさい》の身にしてかく登用せられし事なれば、今度是非ともに殉死《じゅんし》して、昇天の御供仕《つかまつ》るべしと志決したり。されば心中特に涼しく覚えはべる。

各には今より後、幼主を輔翼《ほよく》し万機を沙汰し、国恩を報《い》ひたまはん《わ》こそ。死にはまさりし苦辛思ひやらるれ。

（大意：私は、皆もご存知の通り、少年の頃から格別のご寵愛を賜り、大して才のある身でもないのに、ここまで登用していただいた。このたびはぜひ、ともに殉死して、天へとのぼるお供をさせていただきたいと決めた。なので心の中は特に清々《すがすが》しく感じている。

皆はこれからは幼い将軍（四代将軍・家綱）を助け、さまざまなことを取り仕切り、恩に報いることこそ大切なことである。今後、皆が受けるであろう、死ぬよりも辛い苦労を思いやるばかりだ）

格別の恩寵というのは、単に寵愛を得て、出世してきたことだけではなく、二人が男色関係にあったことを指すものと思われる。このような関係にあったものが殉死をするのは、当時としてはよくあることだったという。二人の関係は公然の秘密だったので、その場に居合わせた誰もが、堀田正盛の覚悟の言葉に得心したのである。

こうして堀田正盛は、そのまま邸に戻り、**切腹して果てた**。まだ43歳。働き盛りの老中の潔《いさぎよ》い最期であった。

殉死した老中、しなかった老中

阿部重次ほか

殉死した理由とは

家光の死に際し、もう一人殉死した老中がいる。**阿部重次**《しげつぐ》である。彼もまた、秀忠、家光と仕えてきた忠臣ではあるのだが、堀田正盛のように男色関係にあったというわけでもなさそうである。

そんな重次が、堀田正盛に続いて、殉死の意向を表明した時、一同は大いに驚いた。しかし、阿部重次が死を志したのは、十数年前からのことであるという。

かつて家光は、実弟である徳川忠長を上野国高崎の安藤重長のもとに蟄居《ちっきょ》させ、最終的に自害に追い込んだことがある。理由は忠長の乱行《らんぎょう》が過ぎたためとも、家光の権力強化を図るためともいわれている。

そして、忠長に自害を促す役目を帯びて高崎に赴《おもむ》いたのが、ほかならぬ阿部重次であった。出発に先立ち、家光から「もし、忠長を預かっている安藤重長が、忠長の自害を拒んだらどうするつもりだ?」と聞かれた時、重次は、「お安心ください。もし、安藤重長がお下知《げち》を拒んだとしても私が一命を投げ捨てて、お言葉通り自害を実行させます」と答えたのだという。

そして、阿部重次は、この時、**一命をすでに家光様にさし上げた**のだから、この度の家光の死去に際し、殉死するのは当然のことなのだといい切った。

これにより、同席の人々も「もっともなことだ」と納得したため、安藤重次もまた、こののち、屋敷に戻り殉死をしたというのである。

家光の死に際し、殉死を遂げたのは、堀田正盛、阿部重次のほか、下野国鹿沼《かぬま》藩主・内田正信、小姓組組頭《こしょうぐみくみがしら》や書院番頭《しょいんばんがしら》を歴任した三枝守恵、小十人番頭《ばんがしら》・奥山安重およびその家臣らがいる。

◙あえて殉死しなかった？

もちろん、殉死をした家臣よりも**殉死をしなかった家臣のほうが圧倒的に多い**。前述した松平信綱などもその一人である。しかしながら、松平信綱は、「雀の巣事件」の時に将軍・秀忠に殺されそうになっても家光のことを守り通した忠臣であり、家光から格別の恩寵を賜った人物である。

そんな松平信綱が、主君の死に際して殉死をしなかったことは、**世間から冷たい視線を浴びる結果になった。**

実は、松平信綱は、家光の死により10歳で将軍位に就くことになる家綱を補佐してほしいと、家光から直々に依頼されていたのだという。だから、信綱は**あえて殉死をしなかったのだ。**

しかも信綱は、家光から家綱の将来を託されていたことを決して他言しなかったために、世間から非難を浴びることになったのだといわれている。

堀田正盛が死の直前に語った「幼主を輔翼《ほよく》し万機を沙汰し、国恩を報ひ《い》たまはん《わ》」という使命を受け、世間からの嘲笑という「死にはまさりし苦辛」を受けたのが松平信綱だといえよう。

しかし、信綱は冷たい世評をその身に受けながら、四代将軍・家綱の補佐役をしっかりとやり遂げた。

ちなみに、この四代将軍・家綱の代に、松平信綱や家光の異母弟・保科正之らの手によって、**殉死の禁止**が定められている。

虫を食って出世した？

久世広之

5百石の旗本から老中へ

四代将軍・家綱の時代に老中をつとめた**久世《くぜ》広之**という人物がいる。とある旗本の三男坊で、兄が家督を継いだために、わずか5百石の分家から彼の出世はスタートする。1622年、二代将軍・秀忠の小姓となったのが飛躍への大きな一歩であった。満13歳のことである。その2年後には三代将軍・家光の小姓となる。

久世広之が家光に仕えていた頃のエピソードである。将軍家光が食事をしていると、汁物の中に菜虫《なむし》が入っているのを見つけた。家光は、それを箸《はし》でつまみ、そばにいた久世広之にさし出した。「これはいったいなんだ？」家光の一声に、一座は静まり返る。将軍の食事の中に異物が入っていたとなれば、調理人や配膳係などが厳しい処罰を受けることになるのは当然である。その場で手打ちにされてしまうことだってあり得たかもしれない。

その時、久世広之は、家光がさし出した菜虫を、両手でうやうやしく受け取り、謹んでそれを**口の中に入れた**のである。家光をはじめ、一同あっけにとられていると、久世は、

「味見をせよ、というご上意かと思いましたのでいただきました」などとサラッと口にする。久世が調理人たちをかばっているのだと気づいた家光は、彼の機知に、思わず上機嫌となり、その場はなごやかに幕を閉じたという。

久世広之の人格が伝わるようなエピソードである。考えてみれば、久世が救ったのは、決して位の高くない調理人たちである。家光に気に入られようとして行なったことでもあるまい。このエピソードは久世の頭の回転のよさだけでなく、**身分の高低にかかわらず人の心を思う優しさを示している**ように思われる。その優しさは、彼が家格の高い家柄の出身ではなかったことから備わったものなのかもしれない。

こののち久世広之は、家光の生前に加増を受けて1万石の大名となり、四代将軍・家綱の代となった1663年に老中に就任。1669年には5万石の所領を受けることになる。父や兄をはるかに超え、当初の百倍もの所領を得た彼の出世の秘密は、虫を口にしてまで他人を救った、その優しさにあったといってよいのではないだろうか。

通称「下馬将軍」は、徳川幕府の終焉を画策した？

酒井忠清

大きな力を持った大老

四代将軍・家綱の時代、特に後半に強い力を持ったのが、**酒井忠清《ただきよ》**である。彼の祖父・酒井忠世《ただよ》は、家康、秀忠、家光と三代の将軍に仕え、老中として幕政に大きく関与した。ここから酒井家（**雅楽頭《うたのかみ》家系**　※酒井忠勝らとは同祖の別家系）は、譜代大名の中でも格式の高い家柄となる。

１６５３年、酒井忠清は老中に任ぜられた。しかも、いきなり他の先輩たちを飛び越えて、**上首《じょうしゅ》**（のちの老中首座《しゅざ》）すなわち、老中の中でもトップの位置に立つことになる。当時、酒井忠清はまだ29歳の青年である。名門・酒井家に生まれたサラブレットに対する期待が、いかに高かったのかがうかがえる人事である。

とはいえ、家綱の治世当初は、「知恵伊豆」松平信綱も健在だったし、将軍補佐役として家光の異母弟・保科正之も幕政に大きな力をふるっていた。名門サラブレットとはいえ、まだ若い老中忠清に、権力を集中させるわけにはいかない状況だった。しかし、１６６２

江戸前期に書かれた書籍より大手門の下馬札前の様子〈『見返り美人図』などで有名な菱川師宣画〉（国立国会図書館蔵）

年、松平信綱が66歳で逝去し、１６６９年に保科正之が後見役を下りると、徐々に忠清の独裁体制が固まっていく。１６６６年、酒井忠清は大老に任じられていた。

名実ともに大権を有した酒井忠清を、人は「**下馬《げば》将軍**」と呼んだ。彼の屋敷が江戸城大手門の下馬札《げばふだ》のそばにあったからである。ちなみに、「下馬札」とは、そこで馬から下りることを示した立て札であり、そこから先は乗馬のままでの通行を禁止するという意味を持つ。大名らに従ってきた武士らの多くは、その場で主君の帰りを待つことになり、自然とうわさ話に花が咲く。そこから「下馬評」なる言葉が生まれたのである。

こうして、四代将軍・家綱は、幼少期には保科正之や松平信綱、成人してからも酒井忠清らが政治を行ない、自らは「左様《さよう》せい」というだけになった。ついたあだ名が「左様せい様」だったという。しかし、このような、将軍が「左様せい」というだけで幕政がまわっていった時代背景が、のちに予想外の展開を生むことになる。

酒井忠清が将軍後継に推した人物とは

1680年、四代将軍・家綱が逝去する。幼かった将軍も39歳になっていたのだが、跡継ぎとなる子どもはいなかった。将軍に後継となる子どもがいないというのは、江戸幕府始まって以来の出来事である。そこで、次期将軍候補として、家綱の弟である綱吉や甥に当たる綱豊《つなとよ》などの名が挙げられたのだが、中には別の人物を候補に挙げた者がいる。何を隠そう酒井忠清であった。

家綱の病状が悪化し、後継者問題で幕閣が集まっている時、酒井忠清がこういった。

「朝廷より有栖川宮幸仁親王《ありすがわのみやゆきひとしんのう》を将軍として迎えてはいかがだろう」

あまりのことに一同が驚いていると、

「何、驚くことはない。鎌倉幕府の先例があるではないか」

と告げたというのだ。

確かに鎌倉幕府は、三代で源氏の後継者がいなくなった時、親王や摂関家の人間を将軍として迎えている。今回もそれにならって、皇族から将軍を迎えようというのである。この時、もし酒井忠清の意見が通っていたならば、**徳川幕府はわずかに四代で滅びていたところである**。もっとも、酒井忠清が宮将軍《みやしょうぐん》（皇族将軍）を起用しようと主張したのは、当時、家綱の側室が子を身ごもっていたので、将来その子を将軍に就けることを見越しての提案だった、という説もある。

しかし、結果的には、家綱の生前の意向として、弟の綱吉が五代将軍となることが決まり、酒井忠清の宮将軍擁立案は幻に終わっている。

ちなみに、酒井忠清が宮将軍を迎えようとしたというのは、史実ではない、と主張する人もいる。しかしながら、酒井忠清のおかげで危うく将軍になり損なる恐れもあった徳川綱吉が五代将軍に就任すると、酒井忠清は大老を罷免されている。そして、その翌年、大権を誇った「下馬将軍」は、静かにその生涯を終えているのである。

「暗殺された大老」といえば？

堀田正俊

下馬将軍に対抗した理由とは

「暗殺された大老」といえば、多くの人が桜田門外の変で水戸浪士らに襲撃された井伊直《なお》弼《すけ》のことを思い浮かべるだろう。ところが、**五代将軍・綱吉の時代にも暗殺された大老がいる。堀田正俊《ほったまさとし》**である。しかも、暗殺犯は、大老や老中とともに幕政を支えるべき若年寄だった。

堀田正俊は、三代将軍・家光に殉死した堀田正盛の三男である。1635年、家光の命により春日局の養子となり、のちに徳川家綱の小姓として仕えた。その後、奏者番から若年寄となり、1679年、老中へと出世を重ねていった。

四代将軍・家綱が病となり、酒井忠清が将軍の後継として宮将軍を提唱した時、頑《がん》としてそれを否定し、綱吉擁立に動いたのが堀田正俊である。父が家光に殉死し、家光の乳母春日局の養子だった堀田正俊とすれば、将軍職には家光の子である綱吉がなるべき、と考えたのも当然かもしれない。

堀田正俊のおかげで将軍になれた?五代将軍・徳川綱吉

そういった経緯もあり、徳川綱吉が五代将軍となると、大いに重用され、１６８１年には大老となり、農政整備、大名統制などに大きな功績をあげている。

彼の行なった政治は「天和《てんな》の治」と呼ばれ、評価する声も多い。

また、厳格な性格で仕事をこなす反面、和歌や儒学などをたしなむ文化人としての顔もあった。

大老暗殺事件の真相とは

しかしながら、当初は堀田正俊を重用した綱吉であったが、やがて**二人の仲は悪化していった**ようである。厳格な性格だった堀田正俊は、将軍に対しても苦言を呈したというから、そのあたりが将軍・綱吉の反発を買うことになったのかもしれない。

また、贅沢を嫌った正俊が、大奥の衣装代等を制限したことが、綱吉の母たちの反感を買い、母思いの綱吉との齟齬《そご》が生まれた、ともいわれている。ひそかに綱吉は堀田正俊に引退をほのめかしていたともいわれている。

そんな時、事件は起きた。若年寄・稲葉正休《まさやす》による大老・堀田正俊暗殺事件である。稲葉正休とは、稲葉正勝の甥で、春日局の元夫である稲葉正成《まさなり》の孫に当たる。春日局の養子だった堀田正俊とは浅からぬ関係である。正俊の父と稲葉正休が従兄弟同士だったから親戚にも当たっている。前日の夜にも、稲葉正休は堀田正俊の邸《やしき》を訪ね、互いに酒を酌み交わしていたという。

1684年8月28日、江戸城内の御用部屋にいた堀田正俊のもとを稲葉正休が訪れた。通常、御用部屋に案内もなしに出入りできるのは奥右筆組頭と若年寄だけである。稲葉正休が、城中で大老を暗殺できたのも、若年寄という高位の役職者だったからといってもよいだろう。

さて、堀田正俊を訪ねた稲葉正休は「御用がございます」と声をかけ、**いきなり短刀で堀田正俊の右胸を刺した**という。この一撃が致命傷となった。

一方、稲葉正休のほうも、その場に居合わせた老中・大久保忠朝《ただとも》らによって殺されている。その結果、稲葉正休が、なぜ大老暗殺などという暴挙に出たのか、その真相は謎に包まれることとなった。

暗殺の理由は、稲葉正休が起こした仕事上の失策を、厳格な性格だった堀田正俊が咎めたからだともいわれている。だとすれば、前日の会談では、稲葉正休が自らの失策に関し手心《てごころ》を加えてくれるようにとお願いに行き、堀田正俊がきっぱりと断ったのかもしれない。

もう一つの説としては、実は堀田正俊と不仲だった将軍・綱吉が黒幕であり、稲葉正休に暗殺を依頼したというものがある。それゆえ、事情を知っていた他の老中たちも、稲葉正休を捕らえたりせずに、証拠隠滅のためにその場で斬り殺したのだともいわれているのだ。

いずれにせよ、この事件により堀田正俊が大老でいられた時間は、わずかに3年足らずとなった。そして、堀田正俊が死去した翌年、天下の悪法といわれる「生類憐《しょうるいあわれ》みの令」が発布されている。

第2章

幕政再建に大わらわ

江戸中期の老中・大老たちの面白エピソード

江戸も中期にさしかかると、さまざまな面でほころびが見え始める。そこで、八代将軍・吉宗や老中となった田沼意次、松平定信らが中心となって、数々の改革が試みられていったのが、この時代である。この章では、これらの為政者の意外な素顔や、有力者の陰に隠れがちな官僚たちの面白エピソードを紹介していこう。

筋を通した苦労人

久世重之

親の因果が子に報う

七代将軍・家継《いえつぐ》、八代将軍・吉宗の時代に老中をつとめた**久世重之**《くぜしげゆき》は、虫を食べて出世した久世広之の嫡子《ちゃくし》である。19歳の時に、父の死により下総国関宿藩《せきやど》（千葉県野田市）5万石を継いでいる。順風満帆《じゅんぷうまんぱん》の青年時代だったといえよう。幕政における活躍の期待も高まる若手のホープだったのである。ところが、そののち、思いもかけない荒波が重之の身にふりかかることになる。

藩主となって2年後、父・広之がかかわった越後国高田藩のお家騒動の再審が行なわれ、広之らの審理が不適切なものと判断された。その結果、**子である重之がその責を問われることとなる**。当時つとめていた奏者番を罷免《ひめん》され、のちには備中国《びっちゅう》（岡山県西部）へ転封となってしまったのである。

しかし、重之はくじけなかった。一歩一歩懸命な努力を重ね、なんとか奏者番に返り咲くことに成功する。

その後、将軍・綱吉の信頼も回復し、1704年に寺社奉行、1705年に若年寄となる。領地も、備中国から丹波、三河を経て、元の関宿に戻ることになった。この時、かつて若手のホープだった重之も、45歳の年を迎えている。

その4年後、五代将軍・綱吉が没すると、綱吉の甥である家宣《いえのぶ》が将軍に就任。しかし、この家宣はわずか3年で没し、七代将軍にはその子である家継が就任する。わずかに4歳という幼さであった。

この間、六代将軍・家宣の葬儀などを取り仕切り、実績を積み上げてきた重之は、1713年、ついに老中に就任する。父のことがなければ、もっと早くその座に就いていたと思われる重之であったが、苦労の末に将軍らの信任を取り戻し、ようやく父と同じ老中になることができたわけである。

ライバル新井白石に述べた言葉とは

しかしながら、この六代将軍・家宣、七代将軍・家継の時代は、老中たちにとっては不遇の時代だった。将軍のそばに仕える**侍講《じこう》・新井白石や側用人《そばようにん》・間部詮房《まなべあきふさ》**らが実権を握り、「正徳《しょうとく》の治《ち》」と呼ばれる政治が進められていたため、**相対的に本来幕政の中心にあるはず**

の老中たちの地位が下がっていたからである。

ところが、家宣、家継ともに将軍となって数年で没してしまったため、新井白石らが政治の中心にいた期間は、わずかに7年ほどだった。白石らの政治は評価される面もある一方で、理想主義的すぎると非難の的にもなり、特に白石の厳格な態度は多くの敵をつくっていた。

そして、八代将軍・吉宗が就任すると新井白石は罷免され、政治の世界から引退。こうなると、老中をはじめとする幕閣たちは、「いい気味だ」とばかりに、誰も白石に声をかけなくなったという。

一方、久世重之は、吉宗の代となっても老中を続けていた。ある日、火事が起こり、重之の家が延焼の被害に遭った時、多くの人が見舞いに訪れる中に新井白石の顔があった。誰からも近寄られず、ポツンと一人でいた白石に向かい、声をかけたのは当の久世重之であった。

「あなたもこのたび、被災されたそうですが、ご著書などはいかがでしたか？」

重之の言葉通り、この火事で新井白石の家も焼けていたのだ。

「ありがとうございます。幸いにも蔵書は焼けずに済みました」

「そうですか！　あなたの書いた書物などは後世の宝となるべきもの。焼失をまぬがれたのは天下の幸いでした」

新井白石が天下を牛耳《ぎゅうじ》っていた際には、本来幕政のトップであるはずの老中・久世重之も屈辱的な日々を送っていたに違いない。しかし、それとは別に学者としての白石の力を認め、その著書の無事を心から祝ったというわけである。

この言葉を耳にした多くの人たちは、あらためて学者・新井白石に注目するようになり、**白石が再び日の目を見るきっかけになった**といわれている。かつて親の因果で苦労を重ねることとなった久世重之だったからこそ、落ちぶれてしまった白石の心情が理解できたのかもしれない。

一方、八代将軍・吉宗のもとでは側用人という制度がなくなった代わりに、**御側御用**《おそばごよう》

正徳の治と呼ばれる政治を行なった新井白石の肖像（国立国会図書館蔵）

取次《とりつぎ》という役職が置かれ、将軍と老中の橋渡しをする役目を担うことになった。結果的に、こちらも強い権力を持つようになり、**老中の力は再び相対的に弱くなっていった。**

ある時、御側御用取次の会議がもたれ、老中・久世重之に対し、その会議の場に呼び出しがかかった。すると重之は、

「我等老中こそが政治を掌《つかさど》る身である。軽々しく走り騒いでは心も落ち着かず、政治がおろそかになろう。もし、確認したいことなどがあるなら、そちらからこちらへ来るべきであろう」

と述べたという。

たとえ、事実上の権力を御側御用取次のほうが握っていたとしても、老中を呼び出すとはもってのほかだと筋を通したわけである。このように権力におもねらず、逆に権力の座から落ちた人でもその仕事ぶりが評価に値するものならば褒《ほ》めるという、**一本筋の通った政治家、それが久世重之だった**といってよいだろう。

最終的には五代将軍・綱吉も、八代将軍・吉宗もその功績を認めた老中・久世重之は、老中となったのは53歳と少々遅くなってしまったが、60歳で亡くなるまで、現職老中として力を発揮し続けたのである。

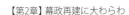

芸術の世界で活躍した老中

安藤信友

エリート老中の別の顔

冠里こと安藤信友の肖像

久世重之逝去の2年後、入れ替わるような形で老中となったのが、**安藤信友《のぶとも》**である。彼の四代祖先が二代将軍・秀忠に仕えて老中となっており、信友の代から美濃国（岐阜県南部）加納藩6万5千石を領していた。奏者番→寺社奉行→大坂城代から老中というエリートコースに従って出世を果たした人物である。

祖先も老中で、きちんとした出世街道を歩いてきた人物と考えると、特段面白いエピソードなどなさそうな気もするのだが、実はそうではない。彼にはもう一つの顔と名前があった。それは、**俳人「冠里《かんり》」としての活躍である。**

俳人としての冠里（安藤信友）は、著名な**榎本其角《えのもときかく》**に師事《しじ》していた。其角は、芭蕉《ばしょう》の高弟であるから、冠里は芭蕉の孫弟子ということになる。

冠里の句の中で、特に有名なのが、

「雪の日やあれも人の子樽拾ひ《たるひろい》」

という句であろう。

「樽拾い」とは、得意先から空き樽などを回収して歩く子どものことである。寒い雪の日に、徒歩で歩き回るのは、幼い子どもにとってはつらい仕事である。

そのいたいけな姿に注がれる冠里の優しい視線は、とても6万5千石を領する殿様のものとは思えない。その優しい人柄は政治にも存分に反映されたことだろう。安藤信友は死刑嫌いで、極力死刑がらみの署名をすることを嫌がったという逸話も残されている。

また、安藤信友は茶道にも造詣が深く、今に伝わる安藤家御家《おいえ》流の茶の祖ともいわれている。

改革を支えた老中が罷免された理由とは

松平乗邑

胆力と知力を併せ持った老中

享保の改革を推進した八代将軍・吉宗

新井白石らの正徳の治が行なわれた後をうけ、八代将軍・徳川吉宗は、享保《きょうほう》の改革を行なった。その担い手として財政改革等に抜群の手腕を見せたのが、老中・**松平乗邑《のりむら》**である。

こんな逸話がある。1701年3月14日、江戸城は異常な喧騒《けんそう》に包まれていた。播磨《はりま》国（兵庫県南部）赤穂《あこう》藩主浅野内匠頭長矩《たくみのかみながのり》が、江戸城中松之廊下《まつのろうか》で、吉良上野介義央《きらこうずけのすけよしなか》を斬りつけたのだ。のちに赤穂浪士《あこうろうし》の討《う》ち入《い》りへとつながる大事件の発端《ほったん》であった。多くの大名らが上を下への大騒ぎを繰り返す中、一人の男がこういい放った。

「**このような時こそ落ち着いて座に就き、指示を待つべきでしょう**」

この男こそ松平乗邑、まだ15歳の若者であった。

当時、志摩《しま》国（三重県中東部）鳥羽《とば》藩主だった乗邑は、その後、伊勢国（三重県東部）亀山、山城《やましろ》国（京都府南部）淀《よど》へと移封と出世を重ね、1723年、老中となり、下総国佐倉6万石の藩主となる。この時、八代将軍・吉宗は、財政難に苦しんでいた幕政を立て直すため、享保の改革に取り組んでいた。松平乗邑は、その財政立て直しのための大役を担うことになる。

享保の改革で活躍した吉宗の右腕というと、時代劇『大岡越前《おおおかえちぜん》』のモデルとしても知られる**大岡忠相《ただすけ》**が有名である。

確かに大岡忠相は、江戸町奉行として、小石川養生所《こいしかわようじょうしょ》や町火消の設置、あるいは『公事《くじ》方御定書《かたおさだめがき》』の編纂《へんさん》などで功績を収めた。しかし、町奉行より高位の役職者として、改革の本丸である財政再建に当たった乗邑の貢献度と能力は、大岡忠相に勝るとも劣らないといっていいだろう。

現に当の大岡忠相自身が、乗邑を評して「**その才知には、梯子《はしご》をかけても遠く及ばない。**

このような才人はこの世に二度と現れるとは思えない」などと語っているのだ。

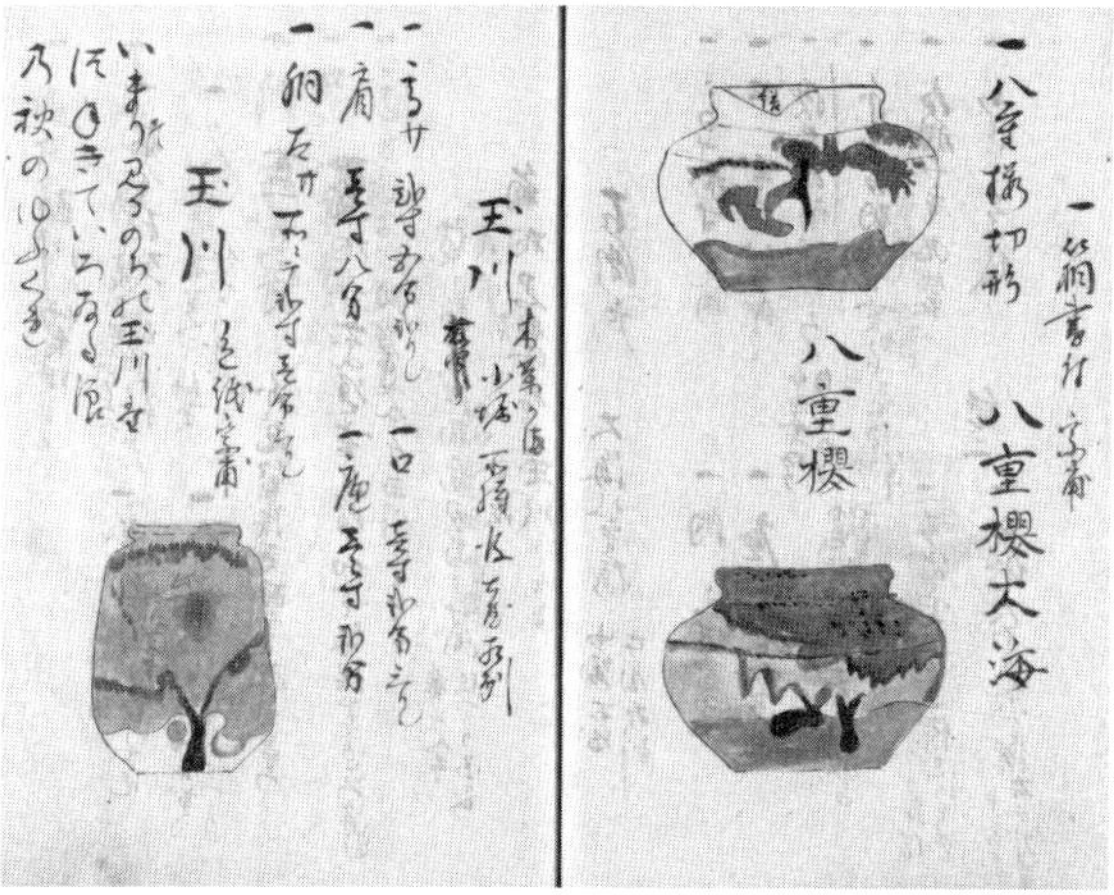

松平乗邑は『乗邑名物記』という著書も残している（国立国会図書館蔵）

優秀さゆえの悲しき最期？

ところが、この松平乗邑は、1745年、吉宗が子の家重《いえしげ》に将軍職を譲ると、突如、**老中を罷免され、蟄居《ちっきょ》を命じられている**のだ。その前年には、吉宗が将軍位に就いて以来、最高値となる年貢徴収量を記録していたというから、彼の仕事ぶりは抜群だったはずなのに、である。

その理由は主に三つ挙げられている。

一つは、乗邑が、吉宗の次期将軍として、長男・家重でなく弟の宗武《むねたけ》を推《お》していたからだという。

結果的に、将軍には家重がなるわけだが、その後、自身の将軍就任に反対していた乗邑に対する家重の怒りが爆発し、罷免へとつながったのではないかといわれている。

ただし、この段階では、吉宗は将軍位を譲ったとはいえ、いまだ健在である。いかに家重が怒り心頭に発していたとしても、父である吉宗の功臣に、そうやすやすと厳罰を与えることができたのだろうかという疑問もわいてくる。

もう一つの理由としては、乗邑が、藤原摂関家《せっかんけ》の流れをくむ五摂家《ごせっけ》（近衛《このえ》・九条・二条・一条・鷹司《たかつかさ》）の領地に検使を派遣し境界を定めたことなどに対し、朝廷が不満の意を表明したため、ともいわれている。

しかし、この措置も、吉宗の意志によって動いただけなので、乗邑個人が責任を問われる話ではない。

最後の理由は、享保の改革に対する各所から噴出していた不満をそらすために、**乗邑がスケープゴート（贖罪《しょくざい》のためにいけにえ）にされた**という説である。享保の改革は、確かに財政再建等に一定の成果をあげた。

しかし、年貢増徴などで負担を強《し》いられた農民らの不満は大きく、百姓一揆などは増加していたのだ。

こうした人々の不満を解消するために、改革の中心として働いていた松平乗邑を罷免したのだという説である。

この説には、傍証《ぼうしょう》がある。厳しい罰を受けた松平乗邑だが、**その子孫は決して冷遇されていない**のだ。

子の乗佑《のりすけ》は老中まであと一歩という大坂城代にまで出世しているし、孫やひ孫は老中をつとめている。罪人の子孫扱いをされるどころか、譜代大名の名門たる家格を維持し続けているのである。

このように考えていくと、最後の享保の改革の不満をそらすために解雇された、というのが有力な説のように思えてくる。

ひょっとすると、その筋書きを描いたのは、大岡忠相も舌を巻いた才知の持ち主、松平乗邑本人だったのかもしれない。

ワイロにまみれた悪徳政治家？

田沼意次

95 倍増の大出世

田沼意次《おきつぐ》といえば、江戸時代の老中の中でも、かなり有名な人物といってよいだろう。小身《しょうしん》から身を起こして権勢をふるうも、最後は失脚するという数奇な運命を歩んだ老中である。彼の施政下では商業が発達し、贈収賄《ぞうしゅうわい》が横行したことでも有名である。

田沼意次の父・意行《もとゆき》は、八代将軍・吉宗がまだ紀州藩にいた頃から側《そば》に仕えていた。つまり幕臣ではなく、紀州藩の人間であった。

1716年、吉宗が将軍となると幕臣に取り立てられることとなり、俸給《ほうきゅう》（知行《ちぎょう》）は300俵から最終的に600石となった。

田沼意次も、父とともに江戸に出て、吉宗の長男・家重に仕えるようになる。1745年、家重が九代将軍となると、田沼意次は徐々に昇進を果たす。当初、父から継いだ600石だった所領は、家重の時代に1万石まで加増されていた。**大名にまで出世を果たした**のである。

1760年、家重の長男・家治《いえはる》が十代将軍となる。その際、父の家重から「田沼は『またうど（正直者、律義者《りちぎもの》）』だから、ゆくゆく大事に召し使うように」との言葉を得、その言葉通り、家治は田沼を重用した。

1767年には側用人《そばようにん》となり、1772年には老中となる。この時点で所領は3万石であり、最終的には5万7千石にまでなる。父の遺領600石からなんと95倍となる大出世である。

善悪の意見が分かれる田沼意次の政治

田沼意次が政治の実権を握っていた、側用人となってから老中を辞任するまでの時代（1767〜1786年）は「**田沼時代**」といわれている。

これまでの年貢米に頼るやり方ではなく、商業資本を積極的に利用し、幕府の財政を潤そうとしたことに特徴がある。

具体的には、商工業者の同業組合である株仲間《かぶなかま》を積極的に公認して運上《うんじょう》・冥加金《みょうが》という一種の税金を徴収したり、海産物輸出などの貿易を推進したり、蝦夷地《えぞち》、鉱山、湿地帯等を開発したりといった手法である。

このような新しい施策を進めようとすると、利権を得ようと多くの商人たちが役人との接点を深めようとする。

そのため、田沼時代には贈収賄が横行していたといわれている。ただし、「またうど」といわれた田沼意次は、自ら賄賂を得ようと、このような事業を行なったのではなく、国のため、商業資本を活用した政策を進めようとした結果、賄賂がはびこるような素地《そじ》ができてしまっただけだともいわれている。

「役人の子はにぎにぎをよく覚え」

これは江戸時代の川柳集『誹風柳多留《はいふうやなぎだる》』にも掲載されている句である。「にぎにぎ」とは赤ん坊が手のひらを握ったり開いたりする仕草《しぐさ》だが、同時に賄賂を受け取ることを暗示する仕草でもある。

この句は、しばしば田沼時代の風潮を詠んだものとして紹介されることがあるが、実際には初出は1759年以前で、田沼時代よりもかなり以前の句である。田沼時代以前から役人と贈収賄は切っても切れない縁だったのである。

田沼は将軍を暗殺した？

しかし、田沼意次の栄達も永遠には続かなかった。1783年、浅間山《あさまやま》が大爆発を起こし、それに伴う冷害、飢饉《ききん》の発生など、田沼時代の終盤は社会不安が増大していた。

また、干拓事業の失敗などにより、ただでさえ贈収賄の横行などで批判も多かった田沼政治への風当たりはますます強くなっていった。

さらに、1784年、若年寄としてともに政治を行なってきた息子の**意知《おきとも》が、城中で斬りつけられ、間もなく死去する**という事件も起きた。

犯人は佐野政言《まさこと》という幕臣であり、刃《やいば》の動機は、賄賂に絡《から》む私憤《しふん》とも、乱心による突発的な衝動ともいわれているが、その真因は不明である。ただ、幕府高官に対し傷害事件を起こした佐野政言のことを、世間の人は「世直し大明神《だいみょうじん》」と称《たた》えたという。いかに田沼に対する世間の目が冷たくなっていたかを示す出来事である。

その2年後、将軍・家治が死去した。**この死が田沼意次による暗殺だ、という噂**が当時からあった。

家治が病床についた際、田沼が手配した町医者の処方薬を飲んだ家治が「毒か？」といって吐いたとか、死体が震えて血を吐いたとかいう田沼の毒殺を思わせる話が伝わっているのだ。大奥をはじめ多くの人の口《くち》の端《は》に上っていた話である。

しかしながら、本当に田沼が毒を盛ったのかと考えると少々怪しい。次期将軍の座を得ようと画策していた一橋《ひとつばし》家と結託《けったく》して家治を暗殺したのだ、ともいわれているのだが、もともと田沼は将軍・家治という後ろ盾があってこそ出世し、政権を担うことができた人物である。頼みの家治を自ら殺害するとは到底思えない。

事実、家治が死去した年、**田沼意次は老中を辞任して失脚**。さらに、一橋家出身の新将軍・家斉《いえなり》の時代になると、領地の一部を没収され、屋敷も召し上げられるという悲惨な状況に陥っている。

こうした状況から察するに、やはり一橋家と結んで将軍・家治を暗殺したというのは事実ではなかろう。

田沼を悪くいうことで政権を安定させたいと考えた、次の世代の人々による情報操作ではないかとも考えられる。

いずれにせよ、田沼意次は1788年、失意のうちに没した。わずか600石からの大出世を果たしながら、晩年には息子を殺され、政治姿勢に批判を浴び、冷遇されたまま鬼籍《きせき》に入《い》るという、浮き沈みの激しい人生を送ったのである。

田沼への恨みが改革の原動力

松平定信

将軍になれなかったのは英明すぎたから?

田沼意次失脚の翌年、老中首座となり、寛政の改革を進めた人物として著名なのが、**松平定信**《まつだいらさだのぶ》である。まだ29歳の若さでいきなり幕政のトップに躍《おど》り出るというのは、大抜擢のようだが、実はそうとはいえない、**抜群の毛並みのよさと賢明さを兼ね備えた人物**だったのである。

松平定信は、かつて松平乗邑が九代将軍に推していた、吉宗の次男・田安宗武《たやすむねたけ》の七男である。つまり、**吉宗の孫**であり、**十代将軍・家治とは従兄弟の関係**に当たる。田安家は、御三卿《ごさんきょう》の一つであり、将軍に跡継ぎとなる子がいない時、将軍位を継承できる家柄とされている。すなわち、松平定信は、条件さえそろえば**将軍になってもおかしくない家柄**の人物だったのである。

家柄だけではない。定信は幼い頃から英明といわれ、将来を嘱望《しょくぼう》されてきた。なにしろ、わずか12歳の時に、数ページのものとはいえ、「夫《そ》れ、天地に陰陽あれば、人に夫婦あり。夫婦あれば、父子あり。」で始まる『自教鑑《じきょうかがみ》』という本を書いているくらいなのである。

これだけ条件が揃えば、次期将軍に、という声も聞こえてきそうだが、それが逆に仇《あだ》となった。その時、政権の座にある者、次期将軍の座を狙う者にとっては、最大の脅威でもあったからである。1774年、16歳で定信は奥州白河藩に養子に出された。

寛政の改革を推し進めた松平定信（国立国会図書館蔵）

御三卿から他家へ養子に出されれば、**もはや将軍になることはできない**のだ。これは、時の権力者・田沼意次と、次期将軍の座を狙う御三卿の一つ一橋家の人間が中心となった画策だったといわれている。

しかし、定信の英明さは本物だった。養子先でもその実力を遺憾なく発揮したのである。1783年、養父の跡を継ぎ白河藩主となった松平定信は、天明の大飢饉の洗礼を受けることになるのだが、率先して質素倹約に努め、米や稗《ひえ》、昆布など、食糧を他国から買い集めるなどの対策をとった。

飢饉の時には病気が流行《はや》るからといって、領内の人々に灸《きゅう》をすえることを勧め、桑、楮《こうぞ》などの商品作物の栽培や織物、製紙、染物、蝋燭《ろうそく》などの生産も積極的に進めた。殖産興業《しょくさんこうぎょう》により藩の窮乏《きゅうぼう》を救おうとしたのである。

自ら質素な木綿《もめん》の服を着て、これだけの対策をとってくれる殿様を、領民たちが悪く思うはずがなかった。白河藩領では打ちこわしのような事態は起こらず、一人の餓死者も出なかった。被害の激しかった他の奥羽地方の藩では何十万という犠牲者が出ているのに、である。

一方、江戸では田沼意次が失脚。政権のかじ取りのために、松平定信の登用が期待されるようになる。旧田沼派などの反対には遭ったものの、結果的に1787年、松平定信は老中首座となり、**寛政の改革**を始めたのである。

寛政の改革は不人気だった？

権力の座に就いた松平定信は、株仲間の税を一部廃止し商業資本との結びつきを断つなど、田沼時代の政策を徹底的に否定した。かつて、将軍になる夢を潰《つい》えさせた恨みを晴ら

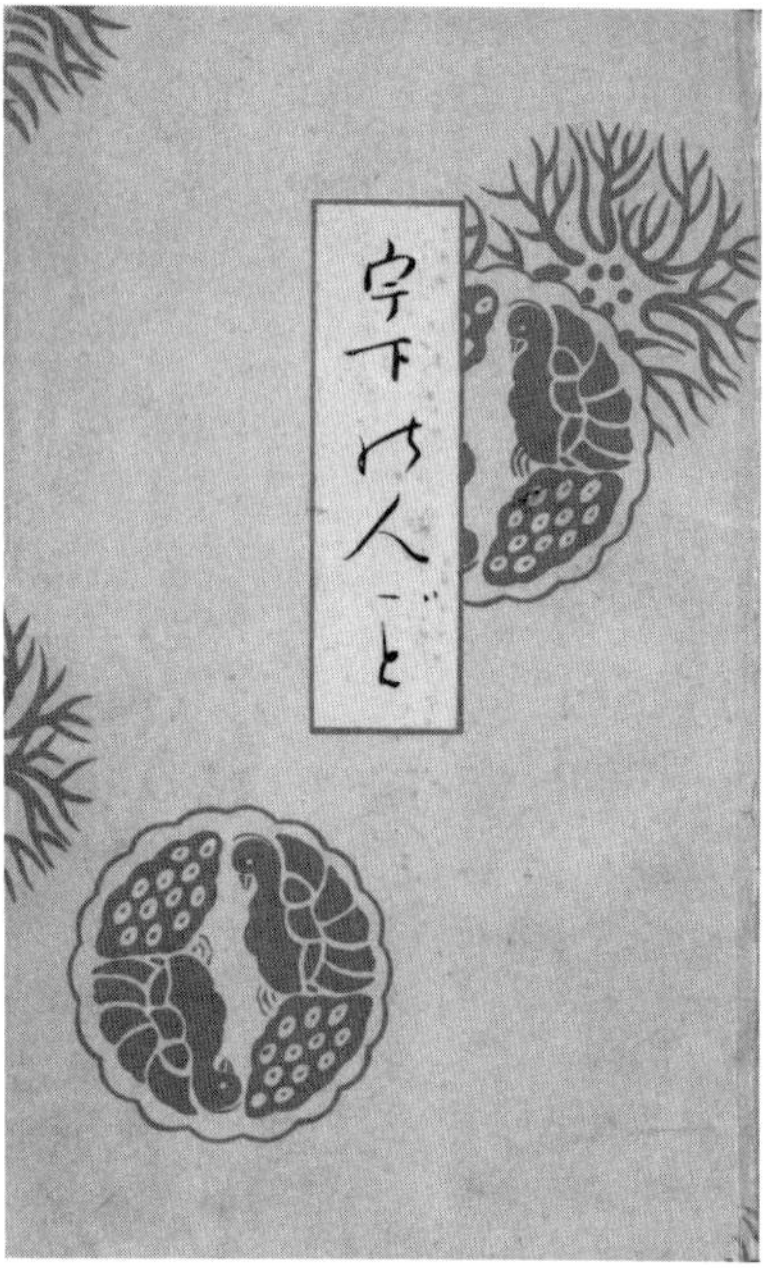

昭和初期に刊行された『宇下人言』。題字は定信の手書き文字とされている（国立国会図書館蔵）

すかのような施策である。また、米穀の貯蔵などを積極的に勧めたのは、飢饉の時の教訓を活かしたのだろう。一方で定信は、質素倹約を徹底させるとともに、出版統制など風紀の引き締めにも努めたため、江戸の町は沈滞ムードに包まれた。田沼時代は、賄賂などの問題が指摘されてはいるが、全般的に商業資本を中心とした活気ある時代でもあったのだ。

「白河の　清きに魚《うお》も　住みかねて　もとの濁《にご》りの　田沼恋しき」

こんな狂歌まで歌われるほど、民衆の反発を招いたのである。彼が12歳の時に著わした『自教鑑』には「民を治むるには、慈悲《じひ》の心を、第一とす。」とある。改革当時の松平定信は、「田沼憎し」の心に囚《とら》われ、質素倹約、風俗統制に夢中になるあまり、民衆の心を思いやる慈悲の心が、少しだけ欠けていたのかもしれない。

一方で、松平定信は将軍の贅沢《ぜいたく》な行ないすらも戒め、大奥の経費も削減していった。これは徐々に将軍や大奥の反感を買うようになる。さらには、十一代将軍・家斉《いえなり》が実父を大御所として江戸城西の丸に迎えようとしたことに反対したことなどから、将軍との仲は決定的に冷え込んでしまう。

こうして、松平定信は1793年、**老中を辞職する羽目《はめ》に追い込まれる**。以降は、幕政からは離れ、藩政や著作に打ち込むようになる。彼の著作には、随筆『**花月双紙**《かげつそうし》』、歌集『**三草集**《みくさ》』、古書画・古器物を収集した『**集古十種**《しゅうこじっしゅ》』など芸術性に富んだものが多くある。

また、著名な自叙伝に『**宇下人言**《うげのひとこと》』というものがあるが、このタイトルは「定信」の文字を分割して創作したものだという。

質素倹約や風俗統制に力を入れたからといって、松平定信自身が、芸術や洒落《しゃれ》のわからない男だったわけではないのである。

おしゃれが原因で失脚した老中

阿部正倫

1万両のコスパはあまりに悪かった

改革期の江戸幕府をリードした田沼意次と松平定信。二人の偉大な老中の、政策の違いに翻弄《ほんろう》されてしまった感のある老中がいる。**阿部正倫《まさとも》**である。

阿部正倫は、備後国《びんごのくに》（広島県東部）福山藩主・阿部正右《まさすけ》の三男として生まれている。二人の兄が早世したため、1769年、父の死により家督を継ぎ、1787年、父と同じく老中に就任する。奏者番、寺社奉行ときて、大坂城代や京都所司代を経《へ》ず、一足飛びに老中に出世したのである。この正倫の老中就任に関して、当時からある噂が飛び交《か》っていた。どうやら阿部正倫は、**賄賂を使って老中になったらしい**、というのである。しかもその額、**1万両**という大金であった。正倫が出世工作を行なっていたであろう時期は、田沼時代の末期か、あるいはまだ田沼派の幕閣もおり、田沼政治の余韻《よいん》が残っていた頃であろう。賄賂で地位を買うというのが、一般的な風潮でもあった。

しかし、その目論見《もくろみ》は大きく狂った。田沼意次が失脚し、松平定信が老中となって寛政の改革を始めると、賄賂などの旧習は見直されるようになった。**1万両を回収できる見込みはなくなってしまった**のである。これでは老中などやっても意味はないと諫言《かんげん》する家臣まで出てくる始末で、阿部正倫は、せっかく老中となった翌年に、その職を辞任している。

もっとも、これらの話は当時の書物に記載されていることとはいえ、元は噂話の類《たぐい》に過ぎない。この時期、阿部正倫の地元で大規模な百姓一揆などが起こっており、自領の治世に注力しなければならなくなったためという説も伝わっている。

また、もう一つ、興味深い説がある。ある時、阿部正倫が華美とも思える立派な服装で江戸城へ登城した。その姿を目の当《ま》たりにした松平定信は、「そのような服装はご遠慮召されよ」などと注意したという。しかし、せっかく1万両もの金を使って老中となった阿部正倫である。少しは派手な格好をして登城してみたいと思う気持ちもわからなくはない。

「このくらいのこと。お構いまさるな」と松平定信にいい返してしまったという。とはいえ、松平定信は同じ老中でも首座の地位にあり、八代将軍・吉宗の孫であり、十一代将軍・家斉の補佐役にもなっていた。そして、改革の第一歩として質素倹約を厳格に進めていった人物である。派手な服装に身を包んだ老中を許せるはずがなかった。こうして、松平定信との確執《かくしつ》から老中辞任に追い込まれたのではないか、という説も強いのである。

祖先は江戸城の主だった？

太田資愛

太田家を繁栄に導いたもう一人の有名人

松平定信が辞職し、寛政の改革がとん挫《ざ》する少し前に老中となったのが**太田資愛《すけよし》**である。太田家から老中となるのは、彼が初めてであったが、実はこの太田家、かなりの有名人の血を引いた家系なのだ。

その有名人とは、江戸城を築いたことで知られている**太田道灌《どうかん》**である。築城の名手、天才的軍師として知られており、扇谷上杉《おうぎやつうえすぎ》氏に仕え、その繁栄に大きく寄与した太田道灌は、最期は主君・上杉定正に討たれるという悲運の生涯を送った人物である。

この江戸城を築城した太田道灌の子孫が、天下人となった徳川家に仕え、江戸城内の御用部屋にて執務することになったのは、奇妙なめぐり合わせといえよう。

この太田道灌の子孫である太田家の繁栄の陰には、**別の有名人の力が働いていた**。それは、これまでにも何度か本書に登場してきた人物なのだが、まずは順を追って太田家の歴史を語っておこう。

太田道灌の子孫は、孫の代で北条家に仕え、さらにその子は北条家に背《そむ》き里見《さとみ》家を頼るなど、転々として戦国の世を生きてきたのだが、太田道灌の四代目（孫の孫）に当たるという重正《しげまさ》（重政）が、徳川家康に仕え、関ケ原の戦いなどに従軍している。

その重正の妹が**家康の側室・英勝院《えいしょういん》（お梶《かじ》の方《かた》）**となったことが、その後の運命を変えた。かの春日局が家光を三代将軍にしようと画策していた時に、家康と春日局との間を上手に取り持ってくれたのがこの英勝院だったのだ。その結果、家光の将軍位継承が決まり、喜んだ春日局は、家光に対し、**太田家の繁栄に資するよう促した**というのである。

太田資愛の祖先・太田道灌

以降、太田家は大いに繁栄。資愛の父・資俊は、遠江国掛川藩主として5万石を拝領し九代将軍・家重の葬儀を執り行なってもいる。そして、ついに、1793年、資愛が初めての老中となった、というわけである。

この資愛は、奏者番、寺社奉行、若年

寄、京都所司代と順調に出世を遂げ、老中まであと一歩というところで病《やまい》となり、いったん辞職している。

この時、すでに53歳となっていた。通常なら、そこで出世は終わりとなってもおかしくないところだが、資愛は能力的にもすぐれていたのだろう。病に改善が見られた翌年、老中に任命されているのである。

一方、太田資愛は石州《せきしゅう》流の茶人としても知られており、掛川《かけがわ》藩に藩校・**北門書院**（のちの徳造《とくぞう》書院）をつくったことでも知られている。このあたりは、文人、歌人としても知られていた、太田道灌の血が影響しているのかもしれない。

第3章

改革、開国の手《た》綱《づな》とり

江戸後期～幕末の老中・大老たちの面白エピソード

江戸時代後期は、幕府財政の行き詰まり、外国船の来航などにより、世情が非常に不安定だった。政治のかじ取りを託された老中たちは、目まぐるしい世の中の動きに振り回されながら幕藩体制を維持していこうとしたのだが、時代の流れは変わらなかった。江戸幕府の歴史はやがて終わりを告げるのである。

人材登用の名手

大久保忠真

あの有名人を抜擢した男

江戸幕府後期、それも19世紀になると、**さまざまな内憂外患《ないゆうがいかん》**によって、幕政に動揺が見え始める。まず、外からの圧力としては、鎖国政策を通してきた江戸幕府に対し、ロシアやイギリスなど、諸外国が接近し、通商を求めるようになってきたことが挙げられる。中には日本側と諍《いさか》いを起こす場合もあり、外国船への対応は幕閣を大いに悩ませることとなった。

国内の体制にも揺らぎが見られた。松平定信失脚後は、再び賄賂《わいろ》が横行《おうこう》するようになり、政治は腐敗《ふはい》。さらに、十一代将軍・家斉は贅沢《ぜいたく》ばかりを好み、財政が悪化していく。そこに飢饉が追い打ちをかけると、生活が困窮した民衆による一揆や打ちこわしも頻発《ひんぱつ》する。世相は不安定な状態が続いていた。

そのような厳しい状況の中、老中となったのが**大久保忠真《ただざね》**である。大久保姓であることから察《さっ》しがつくように、忠真は、かつて本多正信と争って失脚した大久保忠隣《ただちか》の子孫に当たる。

1781年に生まれた大久保忠真は、1796年、15歳で家督を継ぎ、11万3千石を領する相模国小田原藩主となる。そののち、奏者番、寺社奉行、大坂城代、京都所司代を経て1818年、老中に就任する。当初は他に有力な老中もいたのだが、やがて、めきめきと頭角を現し、1834年には老中首座となる。以降、新貨の鋳造《ちゅうぞう》、米価の調整、二毛作の奨励などで財政改善に努めていく。また、奔放《ほんぽう》な生活をやめなかった将軍・家斉を諫めることも辞さなかったという。

そんな大久保忠真の功績としてしばしば語られるのが、**人材の登用**である。忠真は、有為な人材を見出すと、身分にとらわれることなく抜擢し、遺憾なくその実力を発揮させた。**間宮林蔵**《まみやりんぞう》もその一人。もともとは貧農出身の人間であったが、数学、地理、測量などの分野で非凡な才能を発揮。ロシアの南下などにより風雲急を告げていた蝦夷地《えぞち》、択捉島《えとろふ》へ渡り、測量・調査に実績をあげている。彼の探検により、樺太《からふと》（サハリン）が島だとわかり、樺太と大陸の間の海峡に「**間宮海峡**」という名が残された。外国船来航に揺れる時代に、的確な人物の抜擢だったといえよう。

また、小田原藩主として**二宮尊徳**《そんとく》（**金次郎**）を抜擢したのも大久保忠真である。忠真は、

大久保忠真が登用した二宮尊徳の肖像（国立国会図書館蔵）

農民の子として生まれ苦心の末に実家の再興に成功した二宮尊徳を見出すと、多くの家臣が反対する中、彼を登用。数々の家や村を復興させるという実績をもたらした。のちに二宮尊徳は幕臣となり、諸藩の復興にも活躍している。幕府や諸藩が財政難で苦しんでいる時代にピッタリの人材登用であった。

その他にも、幕末に諸外国との交渉等で活躍した**川路《かわじ》聖謨《としあきら》**、貧民救済などに功績をあげた**矢部《やべ》定謙《さだのり》**なども大久保忠真が見出した人物だとされている。

内憂外患の時代に即した人材を登用した大久保忠真。しかし、彼は老中首座となってわずか3年で没してしまう。

彼の死去の1カ月前、大坂では大塩平八郎の乱が起きている。混乱が深まる中、有為の人材を失い、幕政はますます混迷の様相を呈していくのである。

投石までされた不人気な老中

水野忠邦

❂老中の座に就くための秘策とは

江戸幕府が、かつてない内憂外患に包まれ危機的状況にある中、自らは贅沢な生活をあらためることなく、賄賂が横行していた放漫《ほうまん》な政治体制にメスを入れることもなかった十一代将軍・家斉。彼は将軍職を子の家慶《いえよし》に譲った後も大御所として政権を握っていたのだが、1841年、ついにこの世を去った。1787年に将軍となって以来、権力の座にあること半世紀以上。歴代最長となる長期政権だった。

こうして、父の死により、ようやく実権を握ることができた十二代将軍・家慶が、幕政改革をゆだねたのが**水野忠邦《ただくに》**であった。

水野忠邦は、肥前国《ひぜん》（佐賀県と壱岐《いき》・対馬《つしま》を除く長崎県）唐津《からつ》藩主の子として1794年に生をうけた。

この唐津藩は、「はじめに」でも述べたように、長崎の警固を担う役割を負っていた。その長崎の地に1804年、ロシアの**レザノフ**が来航。半年ほど滞在した後、通商を拒否

意外な手法で老中の座を射止めた水野忠邦

され、のちに樺太《からふと》、択捉《えとろふ》を襲撃するという事件を起こしている。このレザノフ来航事件は、10歳の少年だった水野忠邦の心に強い衝撃を与えたことだろう。迫る外国船の脅威、無策とも思える幕府の対応。時代に抗《あらが》うためには、権力の座に就いて、幕政を変革していくしかない。そんな気持ちが幼い水野忠邦の心に芽生《めば》えていった。

1812年、18歳で唐津藩主となった水野忠邦だったが、長崎警固を担っていた唐津藩主は老中になれない慣行があったし、そうでなくても老中になるのは狭き門である。そんな折、幕府権力の中枢には同族でもある沼津藩主・水野忠成《ただあきら》が座していた。当時は、放漫な政治体制が続いており、忠成自身も収賄を頻繁に行なっていたという。

そこで、忠邦は、忠成に対し**自らも賄賂攻勢をかけた**。のちに厳格な政治手法と風紀の乱れの修正に躍起《やっき》になる水野忠邦も、権力を得る過程においては、賄賂を活用していたわけである。

この手法は功を奏した。こののち、水野忠邦は、唐津藩から遠江国（静岡県西部）浜松藩に転封となり、寺社奉行、大坂城代、京都所司代へと出世の階段を上り始めたのである。やがて将軍世子《せいし》であった家慶付《つき》の西ノ丸老中という職を得、家慶の信任を得ていくと、1834年、ついに念願の老中となることに成功した。

水野忠邦が老中となった後も、幕府を取り巻く不安定な政治情勢が続いていく。1837年には**大塩平八郎の乱**が起こり、また同年、日本の漂流民を伴い来航してきたアメリカのモリソン号を日本側が砲撃するという**モリソン号事件**も起きている。さらに、1840年、中国で**アヘン戦争**が起こり、日本を取り巻く国際情勢は風雲急を告げようとしていた。そんな時、前将軍であった大御所・家斉が死去。老中首座である水野忠邦が幕政のかじ取りを行なうこととなる。**天保の改革**の始まりである。

改革は失敗に終わったが……

天保の改革というと、極端な倹約令と風俗の引き締めが有名だが、むろんそれだけではない。たとえば、長崎で西洋砲術を学んだ**高島秋帆**《しゅうはん》を招き、江戸郊外で西洋式砲術訓練を行なわせているのだ。これなどは、幼い頃の長崎のレザノフ事件、老中となってからのモリソン号事件やアヘン戦争など、外国の脅威を身に染みて感じていた水野だったからこそ、実現できたことなのかもしれない。

ちなみに、この高島秋帆から江川太郎左衛門英竜《ひでたつ》、江川から佐久間象山《しょうざん》、佐久間から勝《かつ》海舟《かいしゅう》、吉田松陰《しょういん》、さらには坂本龍馬ら幕末の志士たちへと西洋砲術と洋学の知識が伝わっていく。

幕末の世の訪れは、水野が高島秋帆を登用したことが、大きなきっかけとなったといってもよいだろう。

しかし、水野忠邦による天保の改革は、多くの人から不評を買った。物価下落《げらく》を目的とした**株仲間の解散**は、市場の混乱を呼んだ。**倹約令**や**風俗の取り締まり**は、芝居小屋の移転、寄席の取りつぶし、出版物の絶版などにつながり、楽しみを奪われた庶民の不満は高まっていった。そのような中、江戸・大坂の大名・旗本領を直轄地にしようと、**上知令**《じょうちれい》を出したが、これが多くの反対に遭い、撤回の憂き目に終わる。こうして求心力を失った水野忠邦は、1843年、老中を罷免され失脚。天保の改革は、わずか2年で失敗に終わっている。

1843年閏《うるう》9月13日、老中を罷免された水野忠邦の屋敷に数千人という市民が集まり、投石などの狼藉《ろうぜき》を行なったという。江戸市民の怒りは頂点に達していたのである。

その後、1844年に外交問題で緊張が高まると、水野は**再び老中に任じられる**のだが、翌年、持病が悪化したとして再び辞任している。

その後は、過去に不正を働いたとして領地や屋敷の没収、隠居、謹慎などが命ぜられ、1851年、江戸下屋敷にて、寂しくその生涯を終えている。青雲の志を抱き、賄賂まで使って老中となった水野忠邦だったが、結局、人々の心をとらえることができず、天保の改革では目立った成果をあげることができなかった。

しかし、その失敗の原因を、水野個人の力量だけに求めるのは、少々酷《こく》なことなのかもしれない。

一人の政治家の力ではどうすることもできないほど、幕政を取り巻く状況は切迫していたともいえるのである。

大塩平八郎の乱で名をあげた男の意外な趣味とは

土井利位

1日で鎮圧に成功!

水野忠邦と同時期に老中をつとめていた人物に、**土井利位《としつら》**がいる。彼は、水野よりも五つ年上の1789年生まれ。三河国(愛知県東部)刈谷《かりや》藩主土井利徳《としなり》の四男だったが、やがて本家である下総国《しもうさ》(千葉県北部、茨城県南部、埼玉県東端部)古河《こが》藩主土井利厚《としあつ》の養子となり家督を継ぐ。その後、奏者番、寺社奉行、大坂城代を経て、1839年、老中となった。そんな彼が大坂城代の職務についていた時、事件は起きた。**大塩平八郎の乱**である。

大坂町奉行所の与力《よりき》であった大塩平八郎が、貧民救済を訴え大砲を放ちながら起こしたこの反乱は、多くの幕閣たちに衝撃を与えた。

なにしろ、大塩は名与力と称された幕府の元役人であり、当時は陽明《ようめい》学者として人望を集めていた。彼のもとに集まった貧民たちは約300名といわれ、大砲のほか、鉄砲や火矢を放ち、大坂の町の5分の1を焼くほどの勢いであった。大坂城代・土井利位は、すぐに近隣諸藩に支援を求めるとともに、軍を出陣させ鎮圧へと動く。

しかし、突然の出来事だったために、幕府勢も統率がとれず、うろたえることも多かったという。

ところが、幕府軍以上に、寄せ集めだった大塩反乱軍はもろかった。幕府の砲撃が始まると、多くの人々が四散。乱は半日で終息した。この時、乱の最前線にいた土井利位は、民衆蜂起の恐ろしさを肌で感じたことだろう。

大塩平八郎の乱鎮圧の指揮を執った土井利位

そして、こののち利位は、乱鎮圧の功を称されたこともあり、同年、京都所司代となり、2年後、老中に就任するのである。

老中としての土井利位は、水野忠邦の天保の改革をともに推進していくことになる。しかし、改革が進展していくと、状況は思わぬ方向に変化していく。水野忠邦が江戸・大坂の大名・旗本らの領地を幕府の直轄領とする上知令を打ち出した時、土井利位は**反対に回った**のだ。上知令への反対勢力は主に二つある。

一つは、土地を取り上げられる大名たちである。もちろん、ただ取り上げるだけでは反対されることが容易に予想されたから、幕府は江戸・大坂の土地を取り上げる代わりに代替地を与えることで納得させるつもりだった。しかし、代替地を与えられても減収になる恐れが高かったため、多くの大名・旗本たちは反対に回ったのだ。

また、もう一つ、これらの大名・旗本たちに金銀を貸していた商人や年貢を先納していた農民たちが、債権棒引《さいけんぼうび》きにされる恐れがあるとして反対に回った。あちこちで反対運動も起こったという。

その時、土井利位の脳裏に、6年前の恐怖がよみがえった。大塩平八郎の乱である。暴政に抗う庶民たちの恐ろしさを目の当たりにした土井利位は、反乱の芽は早めに摘《つ》んでおくべきと考えたのである。

こうして、土井利位の反対等により上知令は撤回され、天保の改革は失敗に終わることとなる。

もっとも、土井利位が上知令に反対したのは、自らも上知令の対象となる土地を持っていたため、減収になるのを恐れて反対したのだ、という説もささやかれている。

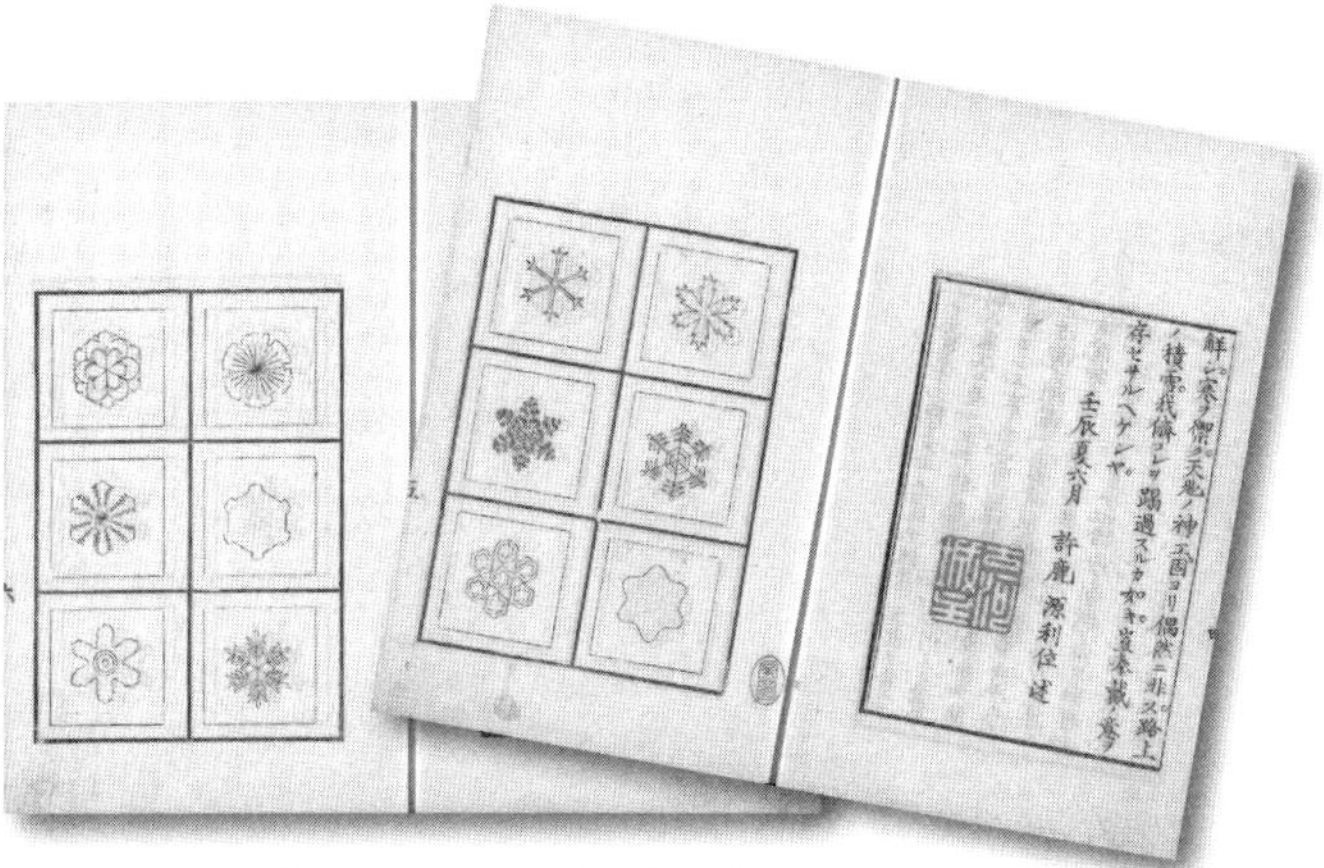

土井利位の著わした『雪華図説』(国立国会図書館蔵)

老中の意外な趣味とは

水野忠邦失脚ののち、老中首座となったのは土井利位であった。しかし、不人気だった忠邦政権の後をうけて格別な新味《しんみ》を出すことはできず、翌年、辞職に追い込まれている。幕府閣僚としての利位の政治人生はこの時、終わりを迎えたのである。

一方、土井利位は、古河藩家老で著名な蘭学《らんがく》者**鷹見泉石**《たかみせんせき》の影響を強く受け、蘭学を熱心に修《おさ》めた。特に長年わたり雪の結晶を顕微鏡で観察してはスケッチを残すということを繰り返し、その成果は『**雪華図説**《せっかずせつ》』という書籍にまとめられた。民衆の反乱や政争に苦しめられた土井利位は、冷たい雪の結晶を眺めることで、どれだけ冷《ひ》え切った心を暖めたことだろう。

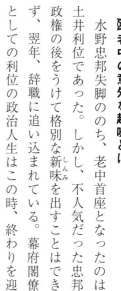

偶然の重なりが家運を高めた！

松平宗発

子宝がもたらした一族の繁栄

水野忠邦より少し遅れて老中となったのが、**松平宗発《むねあきら》**である。丹後国《たんご》（京都府北部）宮津《みやづ》藩主の家に生まれ、兄に続いて家督を継ぐ。奏者番→寺社奉行→大坂城代→京都所司代→老中というエリートコースを経て、ついに一族の念願だった老中出世を果たしたこと以外、特別、エピソードなどなさそうである。

ところが、この一族の出自を探っていくと、意外な事実が浮き上がった。宗発の一族は「松平」の姓を名乗っているのだが、もともとは武将の家系ではなかったのである。しかも、それは遠い昔の祖先の話ではない。一族が幕臣に取り立てられたのは、五代将軍・綱吉の時代だったという。なぜ、そのような後発の家柄が、老中を輩出するまでになったのだろうか。

松平宗発の祖先・本庄宗正《ほんじょうむねまさ》は京都の公家・二条家に仕える**家司《けいし》**だった。この本庄宗正がある時、とある女性と結ばれ、宗資《むねすけ》という子どもをもうけた。

この女性は、以前に別の男性（一説には八百屋）の子どもを二人産んでいたから、宗正はこの子らを養子として、実子宗資とともに育てることとした。これがのちに一族に幸いをもたらすことになる。

養子の一人・お玉は、やがて江戸に下り、大奥に入る。その後、彼女は春日局の目に留まり、家光の寵愛《ちょうあい》を受け、一人の子を産んだ。それが**のちの五代将軍・綱吉**である。やがて綱吉が将軍に就任すると、実母・お玉（のちに落飾《らくしょく》して**桂昌院**《けいしょういん》と称す）は大いに力を持つ。仏教に深く帰依して、護国寺《ごこくじ》、護持院《ごじいん》などの寺院を建立したほか、生類憐みの令の発令にも大きく関与したといわれている。

本庄（松平）家に繁栄をもたらせた桂昌院

こうして、強い権力を握った将軍の実母・お玉の異父弟に当たる本庄宗資も出世を果たすことになった。

綱吉が将軍となった1680年に幕臣に取り

立てられ、8年後には1万石を領する大名となり、最終的には5万石にまで出世を果たしたのである。

その後も本庄家は隆盛を極める。「松平」姓を名乗ることが許され、宮津藩7万石を治めるようになる。

そして、宗発の代になり、ついに幕閣の頂点・老中の座を射止めることに成功したのである。

こうして振り返ってみると、本庄（松平）家の繁栄は偶然の連続であった。もし、本庄宗正が八百屋の娘を養女としていなければ、そして、その養女が春日局の目に留まることがなければ、この家の繁栄はなかった。

また、家光の長男・家綱に後継者となる子がいれば、弟の綱吉が将軍となることもなかったわけだから、それも大きな幸運であった。

こうした幸運の積み重ねで老中まで輩出できた本庄（松平）家は、宗発の後継となった宗秀《むねひで》も幕末まで老中をつとめている。

三代将軍・家光から受けた寵愛が以降、200年以上も、この家の繁栄をもたらしたわけである。

意外な人の子どもだった真田家の老中

真田幸貫

外様でも老中になれた？

真田幸貫《さなだゆきつら》は、信濃国《しなの》（長野県）松代《まつしろ》藩真田家の八代当主である。真田家といえば、大河ドラマでもおなじみの大名家で、松代藩真田家初代当主は、著名な真田信繁《のぶしげ》（幸村《ゆきむら》）の兄・信之《のぶゆき》である。と、ここまで書くと、ひょっとすると、疑問を持たれる読者の方も出てくるかもしれない。

真田家は、たびたび徳川家に刃《やいば》を向けてきた外様大名なのではないか。外様大名が老中になど、なれないのではないか、という疑問である。

その通り、真田家は、信之が関ケ原の戦いで東軍についたとはいえ、その前後まで小さいながらも徳川家との争いを繰り返していた外様大名である。

老中は譜代大名から選出されるのが決まりだから、本来、**真田家から老中になることなどできないはず**である。

ところが、当時は、願い出によって、譜代大名に認められる「**願《ねが》い譜代**」という制度

絵画や和歌などにも造詣が深かった真田幸貫

があった。

　真田家も願い譜代として、譜代大名としての扱いを受けていたのである。とはいえ、願い出るだけで簡単になれるわけではもちろんなく、譜代大名の名家から養子をもらうとか、譜代の有力者からの推薦をもらうとかいうことが必要条件となっていた。

　このような願い譜代の中から、すでに１８３７年、脇坂安董《やすただ》が老中になっていたこともあり、その４年後に当たる１８４１年に真田幸貫も老中に抜擢されることとなった。

　幸貫が老中になれたのは、水戸藩主・**徳川斉昭**《なりあき》や**水野忠邦**らによる推挙があったといわれている。

　もう一つ、彼の老中抜擢に影響を与えたと思われるのが、その出自《しゅつじ》である。

　幸貫は、もともと信州真田家の人間ではなく、他藩から養子に来た人間である。彼の実父は、なんと白河藩主から老中となった**松平定信**なのである。幸貫は1791年の生まれだから、寛政の改革の真っ最中に生まれた子ということになる。

ちなみに、彼の養父である七代藩主・真田幸専《ゆきたか》は彦根藩・井伊家から真田家に養子に入った人間であるから、信州真田家の実態は、**譜代の名家の影響を大きく受けた家柄**になっていたといえよう。

外国とのつき合い方を変えた老中

真田幸貫《さなだゆきつら》は、天保の改革が始まった1841年に老中に抜擢されると、**海防掛**《かいぼうがかり》に任命され、水野を助け、改革の進展に尽力した。海防掛として外交の最前線に立ち、アヘン戦争における中国の敗戦などの情報を得て、これまでの異国船打払令《いこくせんうちはらいれい》を緩和し、**薪水給与令**《しんすいきゅうよれい》を発布してもいる。

そんな真田幸貫が、顧問として採用したのが、**佐久間象山**《さくましょうざん》である。象山は、幸貫の命《めい》によって海外事情を探索し、「**海防八策**」を提出している。これが幸貫の外交政策に大きな影響を与えたことは間違いない。

また、佐久間象山のほうも、これを機会に洋学に目覚め、江川太郎左衛門英竜から砲術を学ぶなど熱心に海外の知識の習得に励んだ。

のちに私塾を開いた彼のもとには、勝海舟《かつかいしゅう》、吉田松陰《しょういん》、坂本龍馬、山本覚馬《かくま》らが集うことになる。真田幸貫と佐久間象山との出会いが、幕末の世を大きく変えていったといえるのである。

しかし、天保の改革は失敗に終わり、水野忠邦が失脚していく中で、真田幸貫も病となり、1844年、老中を辞職している。

逝去したのは、1852年6月3日ともいわれているが、ちょうどその1年後、アメリカ東インド艦隊司令長官・ペリーが黒船を率いて来日している。名君、幸貫亡き後の幕府は大きな混乱に陥るのである。

前代未聞の国難に立ち向かった若き老中

阿部正弘

波風立てない老中

1853年、**ペリー**が4隻《せき》の軍艦（黒船）を率いて来航。高圧的な姿勢で開国を要求するアメリカの前に幕府はなすすべもなく、翌年日米和親条約を締結した。この前代未聞ともいえる国難に対処したのが、老中首座・**阿部正弘**である。

しかし、これらの対応について世間の目は冷たく、このような狂歌も詠まれた。

「いにしえの　蒙古《もうこ》の時と　あべこべで　波かぜたてぬ　伊勢の神風《かみかぜ》」

鎌倉時代に蒙古《モンゴル》軍が襲来（元寇《げんこう》・蒙古襲来《もうこしゅうらい》）してきた際には、神風が吹いて蒙古軍を圧倒したと聞いているが、その時とは、あべこべで幕府は波風立たぬように外圧に屈して対処しているといった意味である。

「あべこべ」に「阿部」の名が読み込まれており、また阿部正弘が伊勢守《いせのかみ》を称していたことから「伊勢の神風」という語も使われている。幕府というよりも阿部個人の消極的な姿勢を批判している歌だといえよう。

伊勢の神風は吹かなかった?阿部正弘の肖像

確かに当時の幕府（＝阿部正弘）は、異国に対しどう対処すべきかという意見を大名や幕臣などから聞いただけで、結果的に、アメリカからいわれるがまま条約を締結している。**消極的で波風を立てない、無難なやり方に終始した**といわれても仕方のないところである。

阿部正弘は、無能な政治家だったのだろうか。

阿部正弘は、老中もつとめた阿部正精《まさきよ》の六男として、1819年に生をうけている。家柄は申し分なかったが、六男ともなると、阿部家の**家督を継ぐ可能性は非常に低い**。通常、このような場合、どこか跡継ぎのいない大名や旗本などの養子となるか、それもなければ一生父や兄の世話になって部屋住みとして生きていくしか手はなかった。少年期の正弘もそのつもりで、ひたすら文武の道に励むだけの暮らしだったという。

しかし、阿部家の場合、兄たちが早世したり病弱だったりしたため、父の跡を継いでいた兄・正寧《まさやす》の跡をうけ、阿部正弘が家督を継ぐこととなった。１８３６年、まだ17歳の青年である。

その後、阿部正弘は、奏者番、寺社奉行に任ぜられ、エリートコースをひた走る。そして、この寺社奉行の時、ちょっとした事件が起こった。

下総《しもうさ》国中山村法華経寺《ほけきょうじ》の僧二人が、祈祷《きとう》の功徳《くどく》を高らかに叫びながら大奥にまで出入りし、女犯《にょぼん》事件を起こしたのだ。さらに大奥への手引きをしていたのが、十一代将軍・家斉の愛妾《あいしょう》だったこともあり、人々の関心を集めた。

とはいえ、へたに裁《さば》くと前将軍・家斉や大奥のメンツを失わせることにもなりかねない。手綱《たづな》の取り方が難しい事件だったのである。結局、阿部正弘は、僧と一般女性との女犯事件のみを罪とし、大奥には無言のプレッシャーをかけるだけで幕引きを図った。

強いていえば、無駄に「波風を立てない」やり方である。しかし、これにより、将軍家や大奥のメンツをつぶすことなく犯罪を摘発することができたため、現十二代将軍・家慶ほかから高い評価を得ることとなった。

❁若き老中の功績

やがて1843年、阿部正弘は老中となる。そのわずかに2日後、天保の改革を指揮してきた水野忠邦が失脚する。

そこからはすでに語った通り、土井利位が幕政を率いたり、水野忠邦政権が復活したりといったドタバタが繰り返され、水野が二度目の失脚をした後をうけて、老中首座の座に阿部正弘が就く。1845年、**まだ26歳の年のこと**である。

この当時の政治状況は、鳴り物入りで始まった天保の改革が庶民の不満を浴びて失敗に終わり、その後も水野が復活したり、わずか8カ月で再辞職したりと、以前よりも明らかに悪化していた。

それに加えて、黒船来航という、かつてない外交問題が加わったわけであるから、内憂外患の度合いは、天保の改革が始まる以前よりもはるかに強まっていた。

この状況下において、若き老中首座が「波風を立てず」に政局を運営できたということは、逆に奇跡的だといってもよいのではないだろうか。

黒船来航に際し、阿部正弘が諸大名等から意見を募ったことに対し、批判する人もいる。これにより幕政に多くの人が口を出すようになり、それが幕府崩壊の一因となった、といった意見である。

しかし、できるだけ多くの人の意見を聞くという**民主的なやり方**を進め、幕府独断でなく衆議《しゅうぎ》のもとで決めたという大義名分をつくることで、**反対派の不満をそらす効果**をもたらすことができたのは、当時の情勢下においてはかなり有効な手法であったということも忘れてはならない。

しかも、阿部正弘の政権下において、品川台場の設置、海軍伝習所の設立など、**国防体制の強化**が図られたこと、川路聖謨《かわじとしあきら》、永井尚志《なおゆき》、岩瀬忠震《ただなり》、大久保忠寛《ただひろ》、勝海舟《かつかいしゅう》など、有為の人材を身分にかかわらず登用するなど、危機的状況を回避するための政策が行なわれていたことにも注目しなければなるまい。

しかしながら、阿部正弘は、日米和親条約締結から3年後の1857年、若くして病没している。**わずかに38歳であった**。

こののち、ますます混迷を深める幕末の世に「波風を立てない政治家」阿部正弘が存命であったならば、と惜しむ声は今も絶えない。

自分の死を予感していた？

実は不遇だった前半生

外からの激しい圧力をうけながら、国内の政治的混乱を抑えようとするならば、阿部正弘のように「波風立てず」に調整型の政治を行なうか、さもなくば、トップダウンで有無をいわさずに高圧的な政治を行なうかのいずれかしかないだろう。そして、後者の政治姿勢をとったのが、大老・**井伊直弼《なおすけ》**である。

井伊直弼は1815年、彦根藩主である井伊直中《なおなか》の子として生まれている。井伊家といえば、譜代大名の筆頭であり、次章で詳しく述べる通り、大老を輩出する家柄である。幕政に躍り出るには、最高の家柄といってよい。

ところが、直弼は十四男であった。父・直中が49歳の時の子で、すでに直弼が誕生した時には、兄・直亮《なおあき》が家督を継いでいた。この直亮は、直弼が20歳の時に大老に任ぜられてもいる。

こうなると、井伊直弼が家督を継ぎ、幕政に躍《おど》り出ることなど、不可能のように思われた。他家に養子に行くか、一生部屋住みとして兄の世話になって生きるかしかないと思われていたのだ。

そこで彼は、居合《いあい》、茶道、和歌、国学など、さまざまな文武の修業に励んだ。いや、励まざるを得なかった、といったほうが正しいかもしれない。

江戸幕府最後の強権を発動した井伊直弼

ところが、兄・直亮が1850年に亡くなった時、兄たちは皆、死去しているか、他家へ養子に行っていたため、思いがけず直弼のもとに彦根藩主の座が転がり込んできた。そして、1858年、大老に任命され、混迷深まる幕政の指揮をとることになるのである。
ここまで、井伊直弼の人生をたどってみると、それが、**阿部正弘の若い頃とそっくりの生い立ちをしている**ことに気づく。
有力大名の子として生まれたが、兄が多かったため、将来をあきらめかけていたのだが、兄

桜田門外の変の様子。井伊直弼の死から20数年ののちに刊行された書籍『桜田血染の雪』の挿絵より（国立国会図書館蔵）

たちの逝去などにより思いがけずに藩主となり、幕政を率いる立場になるところまでよく似ているのである。

ところが、冒頭で述べた通り、**二人の政治姿勢はまるで逆だった**。他の大名たちの意見を聞く調整型の政治を行なった阿部に対し、井伊直弼は、ほぼ独断で「**日米修好通商条約**」を締結し、将軍継嗣《けいし》を徳川慶福《よしとみ》と決めてしまうのである。

さらには、これらの決断に対して反対の意を示した人々を徹底的に弾圧した。**安政《あんせい》の大獄《たいごく》**である。

これにより、水戸前藩主・徳川斉昭《なりあき》、一橋家当主・慶喜《よしのぶ》、土佐藩主・山内容堂《ようどう》らの大物のほか、公家や武士、僧や庶民にいたるまで徹底的に処罰された。この時、長州藩士・吉田松陰《しょういん》も刑死となっている。

こうして、井伊直弼は、反対派の勢いが強く一歩も進めずに混迷していた幕政を、剛腕にものをいわせて強引に動かし、ついで安政の大獄によって反対派の勢いを鎮めることに成功したのである。

しかし、同時にそれは、井伊直弼が多くの人から恨まれるきっかけをつくったともいえよう。

開国百年記念切手の図柄に使われた井伊直弼の像

❖死の前日に詠んだ歌とは

1860年3月3日、季節外《はず》れの雪が積もる桜田門外で、登城途中の井伊直弼は、水戸藩浪士らによって襲撃され一命を落とした（**桜田門外の変**）。

力によってわが道を突き進んでいた男は、力によって滅ぼされることとなったのである。

その井伊直弼は、死の前日、こんな歌を詠んでいた。

「咲きかけし　たけき《猛》心の花ふさ《房》は　ちり《散》てぞいとど香の匂ひ《い》ぬる」

大意を示せば、「ようやく咲きかけた、猛き心の花房《はなぶさ》は、散ることで、たいそう香りが立つものだ（世のために尽くしてきてようやく報われる時がきそうだ。死してのち、一層、生前の行ないが認められるというものだ）」といった意味になろう。

本来、この歌は、画賛《がさん》として記されたものといわれているのだが、あたかも、自分の運命を予言していたかのような歌である。

井伊直弼の評価は、現在もさまざまである。

反対派を高圧的に処分した**非情な政治家**という声もあれば、日本を開国へと導いた**開明的人物**と評する声も大きい。一方で、茶道や和歌など文芸面での彼の功績を評価する声もある。

日本の行く末を案じながら、45歳で凶刃に倒れた、彼の猛き真情は、はたして後世に香り立っているのだろうか。

死んだ井伊直弼を見舞った老中

安藤信正

変の後、井伊家に贈ったものとは

安藤信正《のぶまさ》は、桜田門外の変で井伊直弼が死去した後の幕政をリードした老中である。彼は、陸奥国平《たいら》（福島県いわき市）藩主の長男として生まれ、奏者番、寺社奉行、若年寄を経て、1860年1月に老中に就任している。

激動の時代のかじ取りを行なった安藤信正（国立国会図書館蔵）

この2カ月ほどのち、桜田門外の変が起こる。安藤ら幕閣は、急きょ、その対応を迫られることになる。

当主が殺害された場合、お家は断絶《だんぜつ》、領地は没収となるのが、当時の決まりである。

この原則に従えば、彦根藩井伊家は、断絶の憂き目に遭うことになる。そうなれば、井伊家の家臣たちが黙っているはずはない。

桜田門外の変を主導したのは、水戸藩浪士たちだったから、水戸藩に対し復讐の戦を仕掛けることも考えられた。御三家の一つ水戸藩と、譜代筆頭の彦根藩との間で内戦が起これば、世の中は大いに乱れることになる。**江戸幕府始まって以来の大乱に発展する可能性もあった**。

そこで、安藤は一計を案じ、井伊家に遣《つか》いを送って、こう告げさせた。大老・井伊直弼の死はしばらくの間秘匿《ひとく》し、負傷して療養中ということにしてほしい。それにより、本来ならばお家断絶となるところ、直弼の子・愛麿《よしまろ》が井伊家を継ぐことを認めるというものであった。

この幕府からの申し出に対し、井伊家上層部も苦渋《くじゅう》の決断をし、藩主・井伊直弼は負傷療養中という届け出を幕府に提出した。

そして、後日、幕府からは療養のためとして、朝鮮人参《にんじん》15斤《きん》が贈られるという、念の入りようであった。

しかしながら、桜田門外の変は白昼堂々実行され、市中大騒ぎになったのだから、いかにとり繕《つくろ》っても、井伊直弼が負傷ないし、それゆえ病となり、伏せっているなどということが詭弁《きべん》であることは、世間一般にすでに知れわたっていた。

「人参で首を継げとの御使《おんつかい》」

「倹約で枕いらずの御病人」

こんな川柳が、人々の口《くち》の端《は》にのぼっていたという。

しかし、安藤信正らは、人々の誹《そし》りをものともせず、国家の安定を第一として、このような措置を講じたのである。

❂変に始まり、変に終わる

その後も安藤信正は、尊王攘夷《そんのうじょうい》運動が高まる中、アメリカ公使館通訳ヒュースケン暗殺事件、イギリス公使館襲撃事件などの外交問題を適切に処理したほか、皇妹・和宮《かずのみや》と十四代将軍・家茂《いえもち》との婚姻に象徴される**公武合体《こうぶがったい》政策**を推進していく。

後世においても、これらの安藤の政治的手腕を高く評価する声はあるのだが、尊王攘夷派にとっては、**安藤は邪魔《じゃま》な存在**といえた。

安藤は、攘夷派の起こしたテロ行為をできるだけ穏便《おんびん》に処理し、尊王派の崇《あが》める皇室と幕府を婚姻によって結びつけ、徳川将軍家の権威を高めるように仕向けたわけであるから、尊王攘夷派にとって面白くないのは当然である。

1862年1月15日、水戸藩浪士を中心とする尊王攘夷派が、坂下門外《さかしたもんがい》にて安藤信正を襲撃した（**坂下門外の変**）。

桜田門外の変の衝撃からまだ冷めやらぬ時期でもあり、警備も強固だったのだが、安藤は3カ所に傷を受けた。

そして4月、老中職辞任に追い込まれている。

安藤信正をも失ってしまった幕府は、それからわずかに約5年半で、瓦解《がかい》への道を突き進むことになる。

尊王攘夷派から将軍を救った男

小笠原長行

藩主ではない老中

激動の幕末の時代を、熱い志を持って生き抜いたのは、坂本龍馬《りょうま》や高杉晋作《しんさく》といった志士たちばかりではない。

老中ら幕閣たちの中にも、時には**志士たち顔負けの活躍を繰り広げた人物**がいる。**小笠原長行《ながみち》**もその一人である。彼の場合、その生い立ちからして、かなり個性的だった。

小笠原長行は、肥前《ひぜん》国唐津《からつ》藩主・長昌《ながまさ》の長男として、この世に生をうけた。しかし、誕生の翌年、父・長昌が27歳の若さで没してしまう。いくらなんでも1歳の赤ん坊が藩主となるわけにはいかない。ましてや唐津藩は、水野忠邦の項でも記したように、長崎の警固を担当する藩でもある。跡継ぎが赤子では、もっと条件の悪いところへ国替えとなる恐れがあった。

そこで唐津藩の人々は、長行を体が不自由であるとして**廃人扱い**にし、他藩から養子をもらうことで生き残りを図ることとしたのである。

この苦肉の策は成功し、小笠原家は無事、唐津藩を治め続けることとなった。しかし、本来藩主となるべくして生まれた長行は、人一倍の知力、胆力《たんりょく》を備えながら、廃人として細々と生きるしかなくなってしまったのである。

やがて長行は、江戸に出て学問の道に励むことになる。藤田東湖《とうこ》ら著名な学者たちと交わり、その学識はとみに有名になった。

時に、ペリー来航後の騒然とする世相の中、洋学の知識もある小笠原長行を幕政に登用すべきだ、との声も高くなる。とはいえ、いかに有為な人材を登用しようと思っても、幕府がおいそれと小笠原長行を登用することはできなかった。なにしろ、表向き小笠原長行は「廃人」なのである。

そこで、世間の声に押される形で唐津藩は、体調が全快したので長行の廃人扱いをやめ、世継ぎにしたいと幕府に願い出て、無事、許可されたのである。この経緯がすでに異例なのだが、幕府はこの段でさらに異例な対応に出る。小笠原長行を**世子《せいし》のまま、幕閣に登用**。奏者番、若年寄を経て、老中格としたのである。１８６２年、安藤信正が老中を辞任した年のことである。

❋最後まで戦い続けた老中

外国事情にも詳しかった小笠原長行は、**外国御用取扱**に任じられ、薩摩藩士がイギリス人を斬りつけた**生麦事件**《なまむぎじけん》などを担当した。

この頃、世間では尊王攘夷派が勢いをつけ、攘夷という名のテロ行為を起こし、さらに朝廷と結んで幕府に攘夷実行を迫っていた。

数奇な人生を歩んだ小笠原長行（国立国会図書館蔵）

すでに諸外国と国際条約を結んでいる状態で、外国人を討ち払う攘夷活動などできるはずがないのだが、尊王攘夷派の公家らは執拗《しつよう》に攘夷の実行を迫り、将軍自ら京都へ来るようにと督促《とくそく》する。

そして、ついにこれら尊王攘夷派の圧力に抗しきれず、十四代将軍・家茂は、尊王攘夷派の巣窟《そうくつ》ともなっていた京都へのぼることとなる。

さらに、上京した家茂らは、１８６３年

4月、公家らに押し切られる形で、「**5月10日に攘夷を決行する**」と約束させられてしまったのだ。

小笠原長行は、当初将軍らとともに上京していたのだが、やがて生麦事件の解決のために江戸に戻る。

国際情勢や諸外国の力を身に染《し》みて知っていた彼は、**ほぼ独断でイギリスに対し賠償金の支払いを決めた**。とにかく戦争を回避することが重要だと悟っていたのである。切腹覚悟で長行が賠償金を支払ったのは5月9日。攘夷実行予定日の前日であった。

そして、攘夷決行の5月10日が訪れる。むろん、幕府に本気で攘夷を決行する気など毛頭《もうとう》ない。決行したのは尊王攘夷派の急先鋒《きゅうせんぽう》・長州藩だけである。将軍家茂らは、約束の攘夷ができぬまま、上方《かみがた》に留め置かれていた。

その時、京の尊王攘夷派に恐るべき一報がもたらされた。千数百名という兵士を乗せた幕府の軍艦が上方へと向かってきているというのである。一軍を率いているのは、小笠原長行であった。

長行の行動は、表向きには生麦事件の交渉経緯を将軍に報告するため、であったが、実際には軍事力を持って尊王攘夷派に圧力を加え、**将軍・家茂らを解放し、江戸に帰参させ**

ることが目的であった。

この大胆な行動により、無事、将軍家茂は江戸に戻ることができたのだが、小笠原長行は大胆すぎる行動を咎《とが》められ、職を解任させられてしまっている。

しかし、小笠原長行は、混迷極める幕政には欠くべからざる人物であった。１８６５年老中に任命され、**長州征伐**などで活躍しているのだ。

さらに大政奉還ののち、新政府軍と旧幕府軍の争いである戊辰《ぼしん》戦争が始まると、長行は徹底して**新政府軍と抗戦**。北上する戦線に従って行動し、新政府軍と旧幕府軍の最後の戦いとなる五稜郭《ごりょうかく》の戦いにも参戦している。

しかし、戊辰戦争が終わり、江戸幕府の時代が完全に終わりを迎えると、小笠原長行はほとんど人前にも出なくなる。

いっさい政治にはかかわらず、かつて「廃人」として過ごした若き頃に戻ったかのように静かに余生を過ごしたという。

幕末の世を生きた老中はあの人の孫

板倉勝静

井伊直弼にも異を唱えた老中

幕末の世に、熱い志を持って幕政を守り通そうとしたのは、小笠原長行だけではもちろんない。**板倉勝静《かつきよ》**もその一人である。

板倉勝静は、1823年、伊勢国（三重県）桑名藩主・松平定永《さだなが》の子として生まれている。しかし、八男であったため、1842年、備中国松山藩主・板倉勝職《かつつね》の養子となり、のちに家督を継ぐ。その後、奏者番、寺社奉行となり幕政に参加する。

その頃、幕政は、大老・井伊直弼が握っており、寺社奉行としてその政策の一端を担うこととなる。

しかし、安政の大獄の嵐が吹き荒れると、

徳川家の血も引いていた板倉勝静

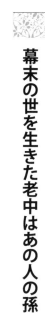

その**激しすぎる処罰に異を唱えた**。大権を握っていた大老・井伊直弼に堂々と反対意見を述べたのである。

その結果、板倉勝静は寺社奉行を罷免されてしまう。しかしながら、こののち、板倉勝静の諫言を受け入れなかった井伊直弼が、反対派の手により暗殺されてしまうのは、すでに語った通りである。

やがて板倉勝静は復職し、1862年、老中となる。小笠原長行らとともに、尊王攘夷の嵐の中、幕政の安定に努めていく。

1864年、いったん老中を辞職するも、その間、第一次長州征伐が始まると藩兵を率いて従軍。翌年には再び老中に復職している。

その頃、幕府の中枢にあった一橋《ひとつばし》慶喜らは、第二次長州征伐の準備を進めていたのだが、板倉勝静は、これを**大義名分もなく強行すべきではないと主張**。長州藩に譲歩を迫り、戦争回避を図るのだが、これは失敗に終わってしまう。

その後、第二次長州征伐は実施され、幕府軍が劣勢のまま、戦いは終わりを迎える。板倉の忠言を無にした幕府は大いに面目を失い、破滅への道を進むことになる。

やがて大政奉還ののち、戊辰戦争が始まると、板倉勝静もまた、旧幕府側の人間として

新政府軍に相対することになる。小笠原長行と同じく箱館《はこだて》（函館）・五稜郭の戦いにまで参戦しているのだ。

◈信念を持って突き進んだ板倉の祖先とは

その方針が間違っていると思えば、権力者に対しても堂々と異を唱えてきた板倉勝静。自らの信じる道を突き進んできた老中だといえる。そんな板倉には、ある有名人の血が流れている。彼の実父・松平定永は、寛政の改革を行なった**松平定信の長男**なのである。

そういえば、松平定信もまた、それが正しい道と思えば、将軍にでさえ異を唱え、その結果、老中を辞職させられるという苦難の道を生きた政治家であった。信念をもってわが道を突き進んだ板倉勝静の性格は、祖父譲りのものだったのかもしれない。

五稜郭の戦いののち、板倉勝静は、「東京」と名を変えた江戸の町に戻り、自首。1872年（明治5年）に赦免されるまで禁錮《きんこ》となっている。

こののち、1877年、板倉勝静は徳川家康らを祀《まつ》る上野東照宮《うえのとうしょうぐう》の祠官《しかん》（神職《しんしょく》）となった。権力者に異を唱えてまで、徳川幕府の存続を願い、行動した板倉らしい身のふり方といえよう。

西洋かぶれが幸いして老中となった男

松前崇広

ピストルを携えた老中

幕末の世に、個性的で、異例の出世を遂げた老中がいた。**松前崇広**《まつまえたかひろ》である。彼は1829年、松前藩主の子として生まれたのだが、例によって六男坊であった。父の後の家督は、大して年の違わない兄の子が継ぐこととなり、崇広は一生部屋住みの生活を覚悟していた。そのような境遇にあった松前崇広が、芸事や武芸、勉学の道に励んだのは、阿部正弘や井伊直弼の場合と同じである。ただ一つ違っていたのは、彼が夢中になったのが、語学や兵術も含めた**西洋の学問**だったことである。生まれが、海に囲まれロシアなど、外国船の来航なども多かった北海道だったことも大きかったのだろう。やがて、松前崇広は、すっかり**西洋通・開国論者**として有名になっていく。

1849年、甥であった松前藩主昌広《まさひろ》が病で隠居したため、崇広に松前藩主の座がめぐってくる。同年、幕府は崇広を城持ち大名に格上げ、それを受けて崇広は松前城（福山城）の築城を開始する。これはロシア船の南下などに対抗し海防強化を図るための措置だった

西洋通として知られた松前崇広

という。５年後の１８５４年、松前城は完成。海沿いに７座の砲台が設けられた、わが国で最も遅い時期に築城された旧式城郭である。しかし、同年、日米和親条約が締結され、箱館の開港が決まると、北海道の多くの地が幕府の直轄領となったため、松前藩は東北に代わりとなる領地をもらうこととなる。

１８６３年、幕府から松前崇広に驚きの通達が下る。寺社奉行に任命するとの通達である。序章でも触れたように、老中、寺社奉行などの幕府の役職は譜代大名から任命されるのが通常である。松前藩のように、領地が格別大きいわけでもない外様大名で、しかも有力な譜代大名や親藩から養子に入ったわけでもない、ただの**小藩の藩主**の就任は、実に異例なことだった。これはもっぱら西洋通として有名だった松前崇広を幕閣に迎え、開国へと舵を切った幕政の一角を担ってもらいたいとの思いからの大抜擢だったといわれている。

翌１８６４年には、松前崇広は老中格の**海陸軍総奉行**となり、のちに老中兼**海陸軍総裁**

に任じられる。これ以上はない、と思われる大出世である。まさに「芸は身を助ける」といったところだろう。むろん、老中となっても崇広の西洋かぶれは変わらない。なにしろ、江戸城に登城する際も、**刀ではなくピストルを持っていた**というくらいである。

1865年、英米蘭仏の4カ国艦隊が兵庫沖に現れ、兵庫港の開港などを求めるという外交事件が起こる。この事件に相対することになった老中・松前崇広は、自身がもともと開国論者でもあり、4カ国代表たちが、拒否すれば上陸作戦も辞さないという強い姿勢で臨んだため、**勅許《ちょっきょ》を得ずに独断で**兵庫港を開港するべく動いた。日本の将来を鑑《かんが》み、戦争を回避するためには、それが一番の方策と考えたのだ。攘夷の意向が強かった当時の朝廷からは勅許を得ることは難しいと判断したのである。

しかし、この方針に異を唱えた男がいる。当時、幕政の中枢を担っていた**一橋《ひとつばし》慶喜**（のちの十五代将軍）である。慶喜は、密かに朝廷を動かして、松前崇広らを罷免《ひめん》させてしまったのだ。こうして、江戸幕府きっての西洋通・松前崇広は失脚し、活躍の場を奪われてしまう。失意の中、帰藩した松前崇広は翌年病にて没することになる。まだ**37歳の若さ**だった。あと数年生きながらえていれば、文明開化に沸《わ》く明治の世に、自他ともに認める西洋通、松前崇広の活躍の場は、大きく広がっていたことだろう。

最後の大老と老中の意外な関係

酒井忠績と酒井忠惇

最後の大老・酒井忠績

影の薄い?最後の大老

「はじめに」でも述べたように、「最後の大老」と聞くと、多くの人が「井伊直弼」を連想するようだが、実際にはそうではない。1865年に大老に就任した姫路藩主・**酒井忠績**《ただしげ》こそ、真の「最後の大老」なのである。とはいえ、前任の大老だった井伊直弼が強烈な個性を発揮していたこともあり、正直、影が薄いことは否めない。それどころか、彼はその出生からして少々影の薄い存在だったのである。

　1860年、姫路藩前藩主・酒井忠顕《ただてる》が死去する。満24歳という早すぎる死であったこともあり、その時、跡継ぎとなるのに適した子どもがいなかった。近親者の中にも適切な人物がいなかったため、かなり遠縁の人物にまで当たりをつけたところ、白羽の矢が立ったのが、分家筋に当たる酒井忠績だったというわけである。酒井忠績はわずか**5千石の俸給を得ていた幕臣の息子だった**というから、かなりの大抜擢である。

しかしながら、旗本という将軍直属の家臣だったことも影響してか、徳川家に対する忠誠心が強く、また政治力にも優れていたと見え、その後、幕政においても大いに昇進を重ねていく。

1862年、酒井忠績は京都所司代の代理をつとめている。当時は尊王攘夷派によるテロ活動が活発に行なわれていた時期であり、その中で京都市中の取り締まりという危険で困難な役割を果たしたことで、彼の評価は高まり、翌1863年、老中の筆頭に就任する。

この時期、姫路藩内では勤皇派《きんのうは》（尊王攘夷派）の活動が目立っていたことから、親徳川の姿勢を明らかにしていた忠績は勤皇派を弾圧。翌年6月に老中を辞任すると、粛清《しゅくせい》を強め、同年12月には、50名以上に及び、勤皇派を斬罪を含めた重刑に処している。

明けて1865年2月、忠績は大老に就任した。しかし、その年の11月にはもう免職となっている。第二次長州征伐、兵庫開港問題などに対応したわけだが、井伊直弼のように

幕府終焉後に老中となった酒井忠惇

強烈なインパクトを残したわけではない。

やがて、1867年、忠績は隠居し、後継の姫路藩主には実弟・**酒井忠惇《ただとし》**が就任している。

幕府崩壊後に老中となった？

酒井忠績から譲られて姫路藩主となった酒井忠惇は、同年12月、老中に任じられている。しかしこの年の10月、すでに十五代将軍・徳川慶喜は大政奉還を行なっており、江戸幕府というものはもはやなくなっていたはずである。酒井忠惇は、**幕府が崩壊していたのに、老中に任命された**わけである。

このことは「老中」というものの存在を考えるうえで重要な示唆《しさ》に富んでいる。つまり老中とは、幕府の政治機構のトップに立つ役職なのだが、それ以前に**徳川家を支える重臣**という意味合いが強いということである。徳川家宗主《そうしゅ》を支える側近中の側近という意味合いが強いからこそ、それなりの家格の譜代大名の中から力のある者が老中に選ばれてきたわけだ。だからこそ、江戸幕府が崩壊した後も、「老中」として徳川家を支える役割を、酒井忠惇が与えられたのである。

とはいえ、さすがに老中に任命されるのは、酒井忠惇が最後となる。最後の老中（酒井忠惇）と最後の大老（酒井忠績）は兄弟なのである。

翌1868年、年明け早々から戊辰《ぼしん》戦争の火ぶたが切られる。鳥羽《とば》・伏見《ふしみ》の戦いでは、新政府軍が錦《にしき》の御旗《みはた》を掲げ、朝敵を征伐する官軍であることを誇示《こじ》する。新政府軍が官軍ということになれば、対する旧幕府軍は賊軍《ぞくぐん》、すなわち朝敵《ちょうてき》ということになる。このため、錦の御旗を目の当たりにした旧幕府軍からは、新政府軍に寝返る者もあらわれ、戦局は新政府軍に有利に傾いた。とはいえ、旧幕府軍も十分な戦力を保持しており、まだまだ挽回の機会はあるように思われた。しかし、旧幕府軍を率いる徳川慶喜は、密かに戦陣を抜け出し、**江戸へと帰参してしまう**。これにより旧幕府軍の敗戦、徳川家による治世の終焉《しゅうえん》が決定的になる。

この徳川慶喜の江戸敗走に従った中に酒井忠惇もいた。これにより、**姫路藩もまた朝敵の汚名を着せられる**ことになる。その後も酒井忠惇や江戸で隠居をしていた酒井忠績は、あくまで徳川の家臣としての職務を全《まっと》うするという立場をとっていたのだが、国許《くにもと》の姫路藩家臣は新政府軍に降伏。その際、豪商・北風正造《きたかぜしょうぞう》らの尽力もあり、新政府に対し、軍需金として15万両という大金を献上した。この結果、姫路城は新政府軍の攻撃から免《まぬが》れ、白鷺《しらさぎ》のように美しい城郭を後世に残すことができたという。

やがて、姫路藩は本領安堵《ほんりょうあんど》、酒井家の家名は存続となる。藩主忠惇は蟄居《ちっきょ》処分となったが、養子となる忠邦の家督相続は認められたのである。

それからもう少し時が過ぎ、江戸時代から明治時代へと世の中が徐々に変わっていく中で、最後の大老・酒井忠績と最後の老中・酒井忠惇も復権を遂げ、１８８９年（明治22）には、二人揃って**男爵**《だんしゃく》に任じられている。

一方、彼らが最後まで忠誠を尽くした徳川家の最後の将軍・慶喜もまた、１９０２年（明治35）**公爵**《こうしゃく》に任じられた。

こうして、江戸幕府や徳川家を守るために懸命な努力を続けてきた大老と老中たちの任務も完全に終わりを遂げたのである。

第4章

大老四家の全系譜

江戸幕府を率いてきた土井・酒井・堀田・井伊家のすべて

これまで、江戸幕藩体制を率いてきた大老と老中の活躍と面白エピソードを見てきた。江戸時代を通じて老中が120名以上いるのに対し、大老はわずかに10名ほど、しかも四家からしか任命されていない。本書の最後では、大老を輩出してきた四家の系譜を見ていくことにしよう。

◈大老とは

江戸幕府の大老は何人いるのか、というと、実は研究者によってまちまちである。これは、特に幕府の職制が固まりきっていない、(それどころか「大老」という言葉すら定まっていない)江戸時代初期において、どういう立場にある人を「大老」と呼ぶのかの判断が、史料を検討する人によってさまざまだからである。一応、「幕政に関与する者のうち、官位が従四位《じゅしい》少将(以上)で、月番や老中奉書への連署など、老中の行なう日常的業務を免除された者」といった定義をすることは可能なのだが、それでは、将軍補佐役として政務をとった保科正之《ほしなまさゆき》や終始側用人《そばようにん》として業務を行なった柳沢吉保《よしやす》を大老と認めるのかというと、異論も多いところである。

そこで、本章では、31ページの表中に記載した10名の人物を大老とし(北原章男氏の説)、これら10名を輩出した**土井・堀田・酒井・井伊の四家**について解説を加えていくものとする。

土井家

初代大老の末裔は？

土井家から大老となったのは、初代大老といわれることが多い土井利勝《としかつ》ただ一人である。そして、この土井利勝が大老に就任したのは、家柄というよりも、その出生の秘密にあるのではないか、というのは第1章53ページで述べた通りである。

また、江戸幕府成立当初の大老や老中などが、家柄もある程度は重視されたが、**徳川将軍家との個人的な関係性**によるところが非常に大きいことも第1章で述べた通りである。そんな点も、初代大老となった土井利勝の家系から二度と大老を輩出できなかったことに影響を与えていると思われる。

利勝以降、土井家から大老となるものは現れなかったが、老中は三人出ている。一人は利勝の四男・利房《としふさ》。なぜ、長男・利隆《としたか》ではなく、四男・利房が老中となったのかが疑問に思われるところである。長男・利隆が政治的に暗愚だったから、という説もあるのだが、利房が幼い頃より四代将軍・家綱に近侍していたから、という点も、相当大きいと思

土井家略系図

親子・相続関係等をわかりやすくするため、兄弟間の長幼の順は明示していない(左右の順は長幼の順ではない)。

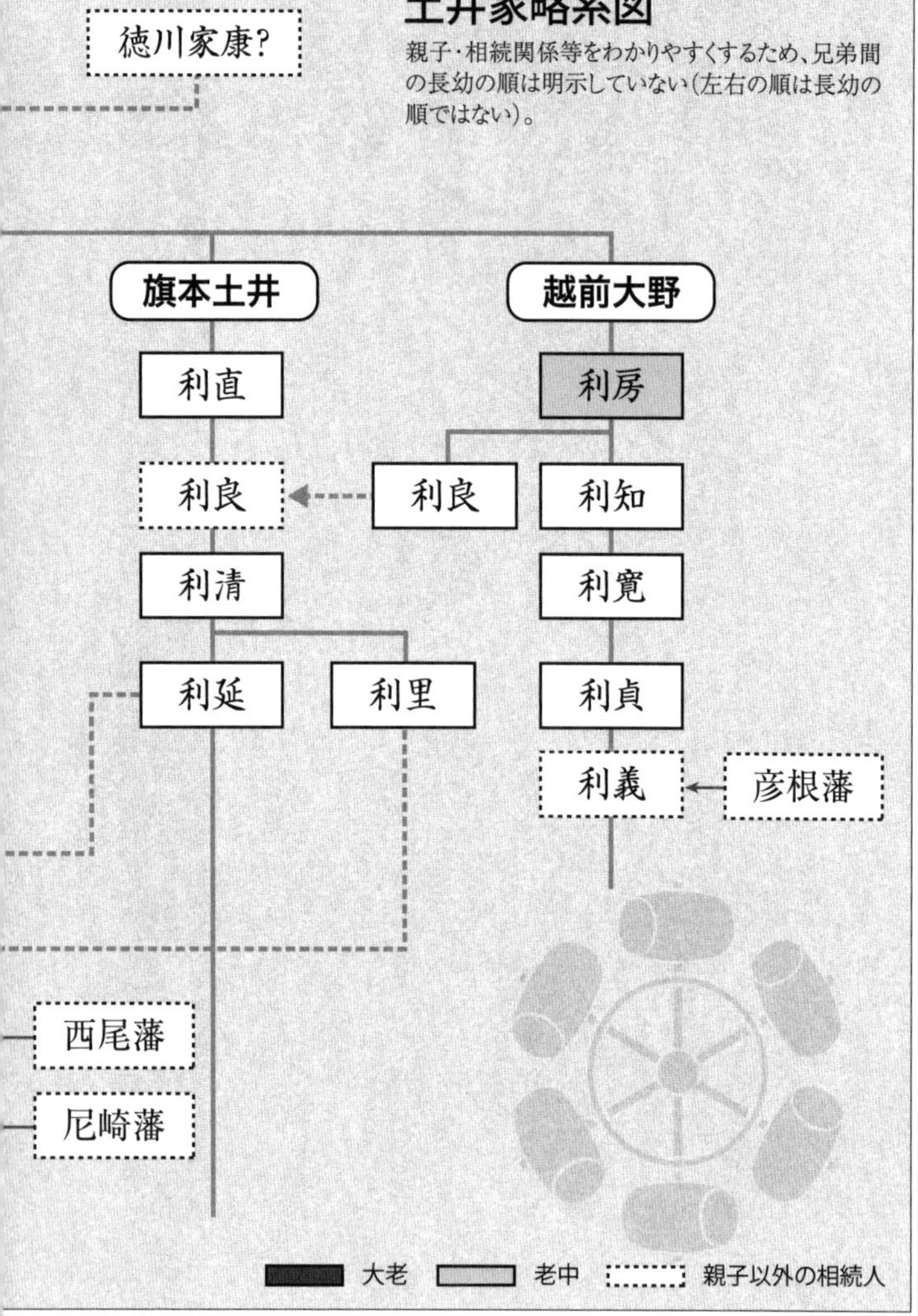

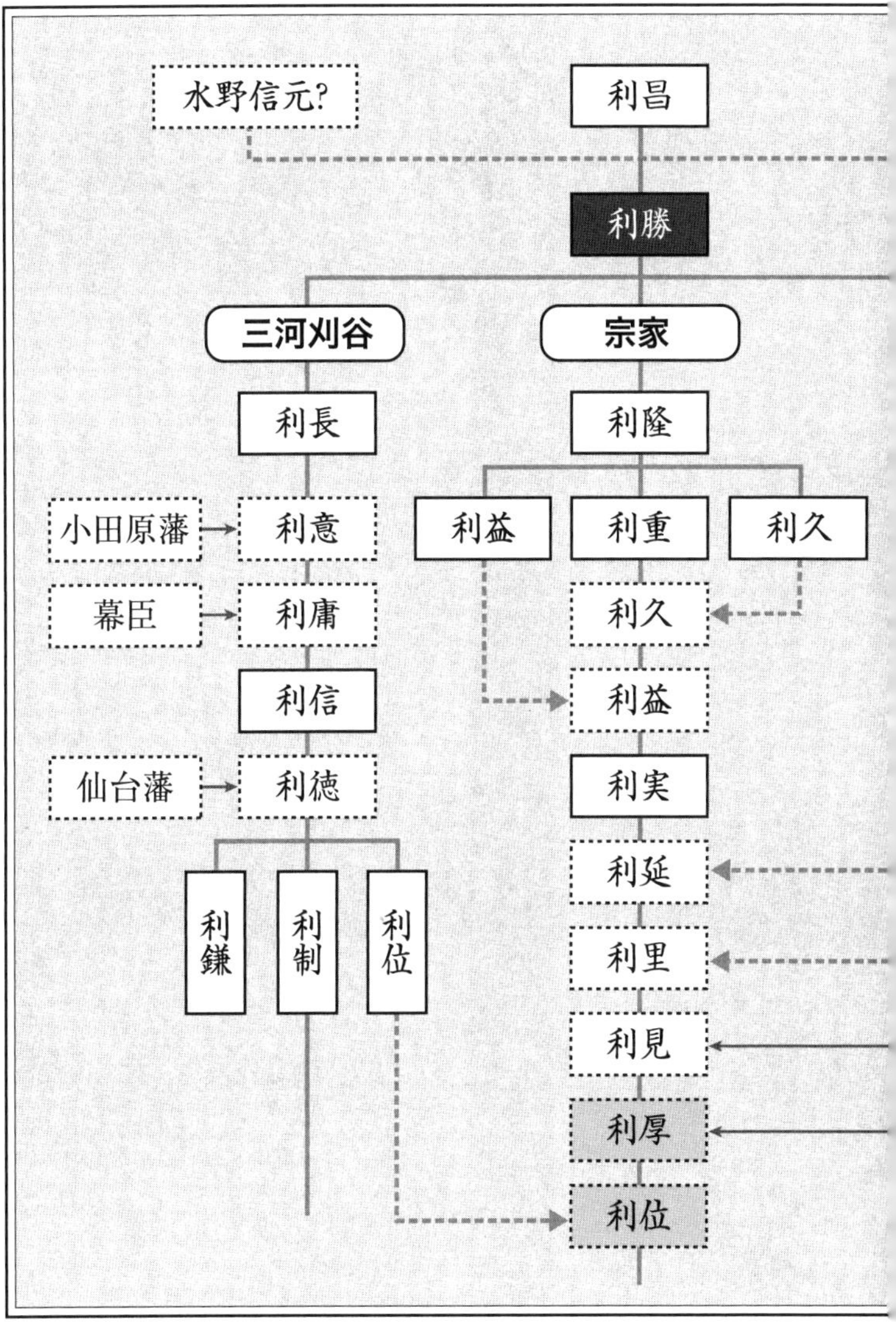
水野信元?
利昌
利勝
三河刈谷
宗家
利長
利隆
小田原藩
利意
利益
利重
利久
幕臣
利庸
利久
利信
利益
仙台藩
利徳
利実
利鎌
利制
利位
利延
利里
利見
利厚
利位

われる。江戸前期の大老・老中は、将軍との人間関係が非常に重視されていた、ということが、ここでも指摘できよう。

その後、しばらくして十一代将軍・家斉の時に土井利厚が、十二代将軍・家慶の時に利位《とし つら》が老中となっている。土井家からは久々の抜擢である。ただし、この頃になると、土井家とはいいながら、**他藩からの養子が後継者となっている**のが前ページの図を見ていただければ、一目瞭然である。久々の老中就任も、初代大老・土井利勝の威光とは、直接的な関係はなさそうである。

堀田家

殉死、暗殺、流刑など、波乱万丈の家系

堀田家といえば、三代将軍・家光から**「特別な寵愛」を受けた**堀田正盛《まさもり》が、老中にまで出世して大いに家運を隆盛させたことで有名である。その正盛が家光とともに殉死した後は、長男の正信《まさのぶ》が佐倉藩10万余石を継ぐのだが、彼は幕府に批判的な姿勢を示したた

め所領没収のうえ、配流《はいる》となる。父が築いた家運を一代で傾けさせてしまったのだ。この堀田正信は、配流先で四代将軍・家綱の逝去を耳にすると、鋏《はさみ》で自害。**二代続けて殉死**を遂げたのである。

この正信の家系は、子の正休《まさやす》が継承し1万石を得るようになる。二代後の正陳《まさのぶ》が若年寄となるなど、地味目ながら、しばらくは直系の子孫が続いていった。

大きく発展したのは、正盛の三男・正俊《まさとし》の家系で、この正俊が堀田家で唯一大老となっている（83ページ参照）。長男でなく、三男の家系が発展したというのは、土井家同様、江戸時代前期に、将軍との個人的なつながりが重視されたことの影響が大きいといえよう。堀田正俊が春日局の養子となり、**四代将軍・家綱の小姓**となっていたのは、第1章で述べた通りである。

正俊の跡は長男・正仲《まさなか》が継ぐが、実収の下がる山形、福島へと転封となる。正俊が晩年、**綱吉と不仲**になったことと無関係ではなかろう。この家系は、一族から養子をとるといった形で継続し、九代将軍・家重の時代に正亮《まさすけ》が、幕末に正睦《まさよし》が老中となっている。この正睦は、天保の改革の時に老中をつとめ、水野忠邦の罷免とともに老中を辞めている。しかし、混迷の度合いを増す幕末の世に、阿部正弘の推挙によって老中に返り咲く。ただし、日米

堀田家略系図

親子・相続関係等をわかりやすくするため、兄弟間の長幼の順は明示していない（左右の順は長幼の順ではない）。

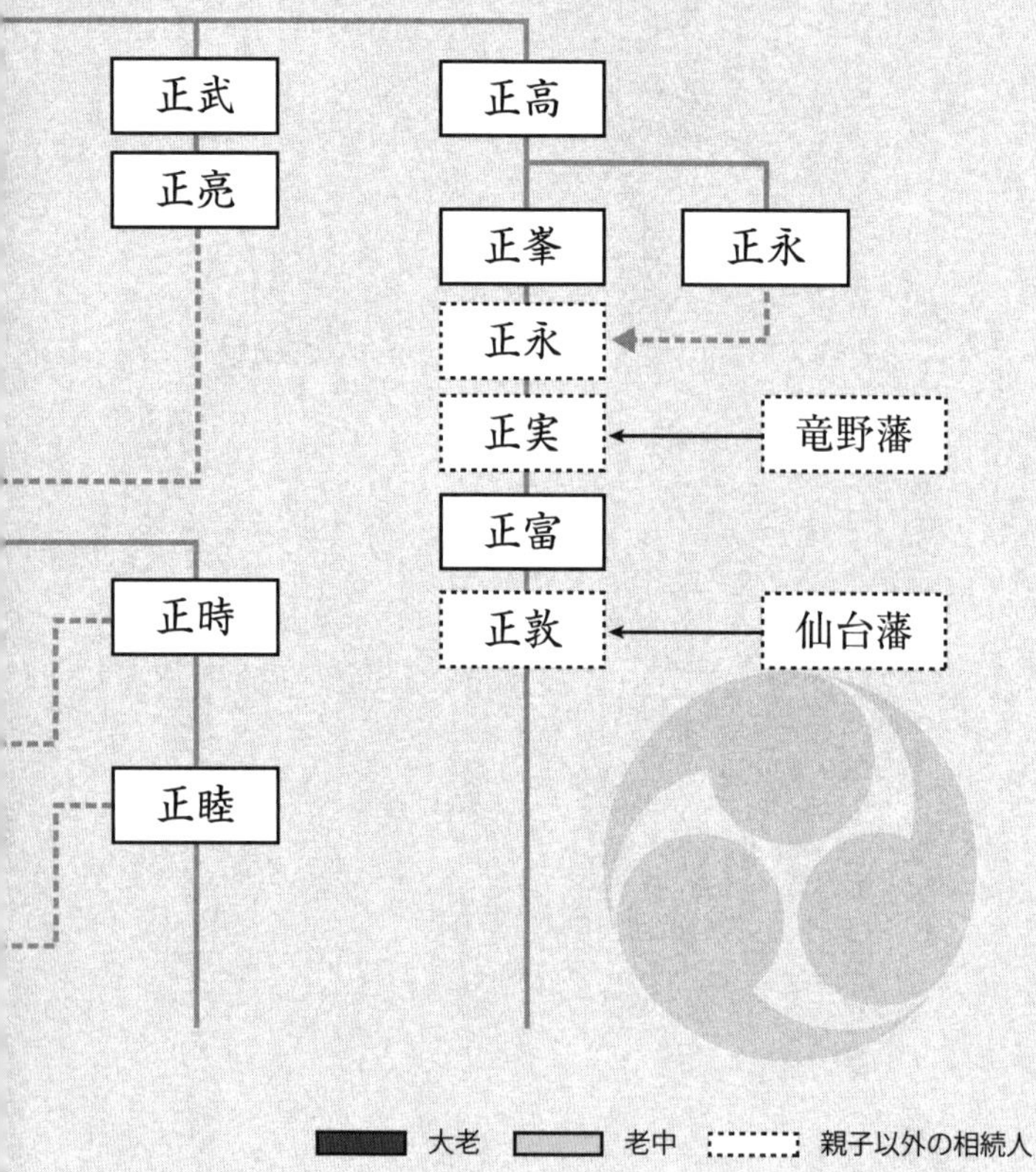

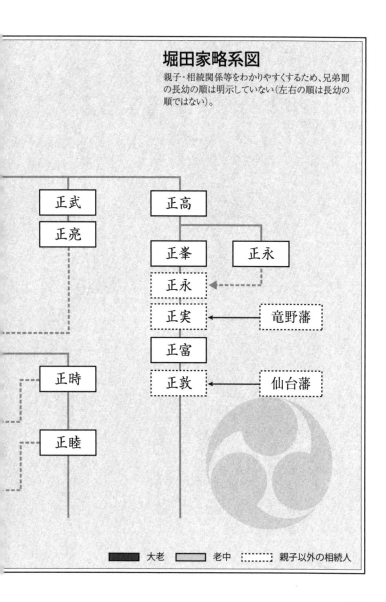

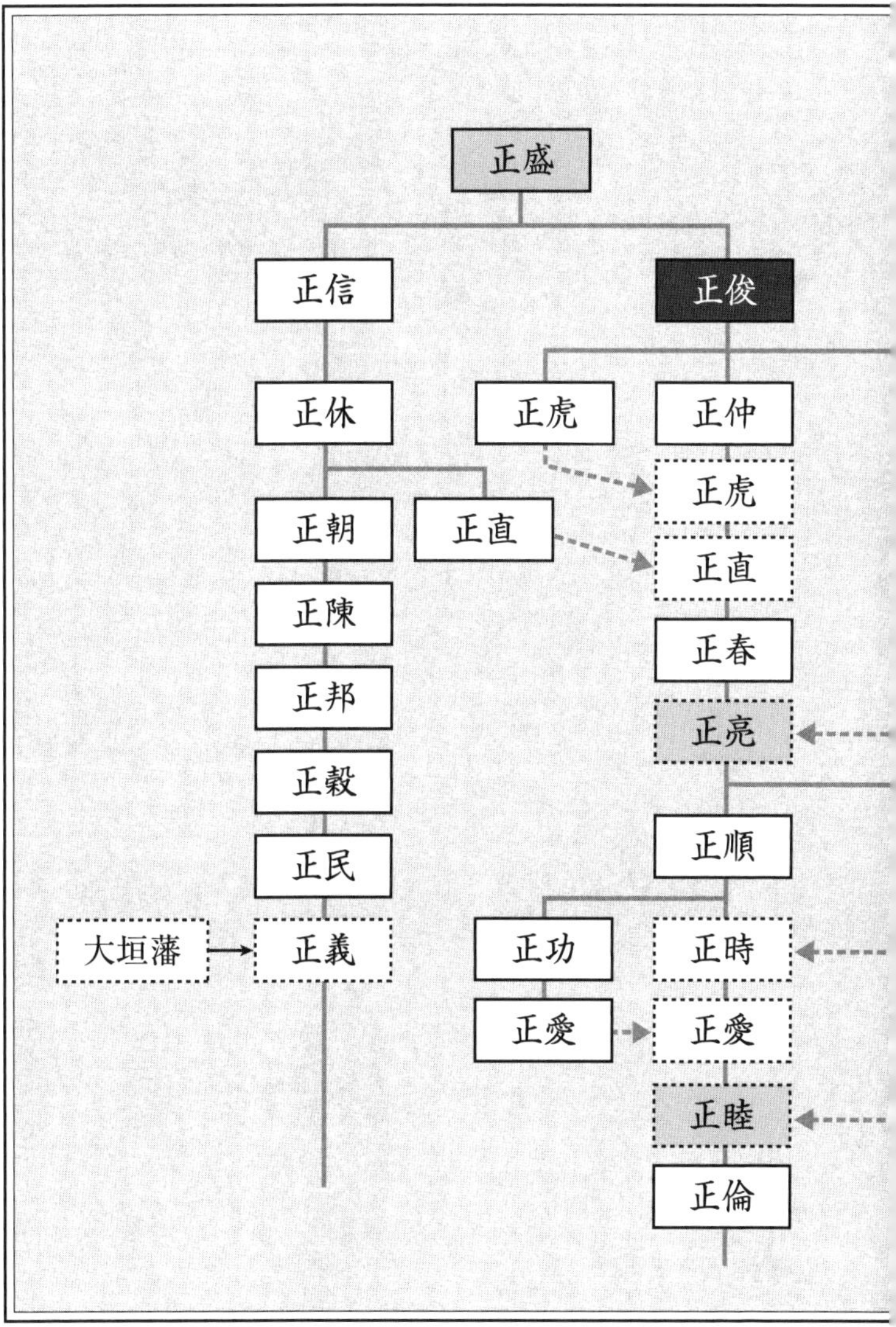
正盛
正信
正俊
正休
正虎
正仲
正虎
正朝
正直
正直
正陳
正春
正邦
正亮
正穀
正民
正順
大垣藩
正義
正功
正時
正愛
正愛
正睦
正倫

修好通商条約の締結に絡み、勅許を得ることに失敗したうえ、**大老・井伊直弼とも対立して老中を辞任**。蟄居を命じられたまま、没している。

堀田家は、幕閣最高の大老、老中を輩出しているのだが、殉死、暗殺、配流など栄光と挫折を経験した人も多い。波乱万丈の家系だといってもよいだろう。

酒井家

徳川家とも親戚という名門中の名門

酒井家は、大老を3名、老中も多く輩出している**名門中の名門**である。なにしろ、その祖先は**徳川家（松平家）と同祖**であり、いわば親戚なのだ。室町時代の武将で松平家（徳川家）の祖といわれる松平親氏の二男・広親が、酒井を名乗り徳川家に仕えることになったのだという。

戦国時代末期に家康に仕えていた者としては、**左衛門尉《さえもんのじょう》家**の酒井忠次《ただつぐ》や**雅楽頭《うたのかみ》家**の正親《まさちか》らが有名である。特に酒井忠次は徳川四天王の一人としてよく知られている。徳川四天王の中でもとりわけ年長であり、15歳下の徳川家康に幼少より仕えていた。妻が家康の叔母《おば》であるから、義理の伯父《おじ》にも当たる人物である。姉川の戦い、三方ヶ原の戦い、長篠の戦い、小牧・長久手の戦いなどで功績をあげている。

この酒井忠次の系統である左衛門尉家は、酒井家の嫡流ともいえる存在で、忠次の長男家次《いえつぐ》が家督を継ぎ、大坂の陣などで活躍。越後国高田城主となり、10万石を領することになる。次の忠勝《ただかつ》は出羽国鶴岡藩13万余石を得、以降も順調に家系は続いている。この家系からは、しばらく老中などは輩出していないが、それはこの家系が沈滞しているという意味ではない。むしろその逆で、左衛門尉酒井家のような重臣中の重臣は、将軍の側近的意味合いである**老中職を担わせるには家格が高すぎる**、ということを意味している。序章に述べた通りである。

こうして左衛門尉家は、徳川四天王の一人、酒井忠次の直系の子孫が継承していくが、享保年間に忠真《ただざね》が後継となるべき子どもがいない状態で亡くなったため、同じ酒井一族で、出羽国松山藩主の次男であった忠寄《ただより》を養子として家督を相続させた。本家ではなく、**分家の子が相続したことで、やや家格は下がる**ことになる。徳川四天王の一人、酒井忠次の直系子孫に、老中のような仕事を任すのは役不足という感じであったが、養子として酒井家

酒井家略系図

親子・相続関係等をわかりやすくするため、兄弟間の長幼の順は明示していない(左右の順は長幼の順ではない)。

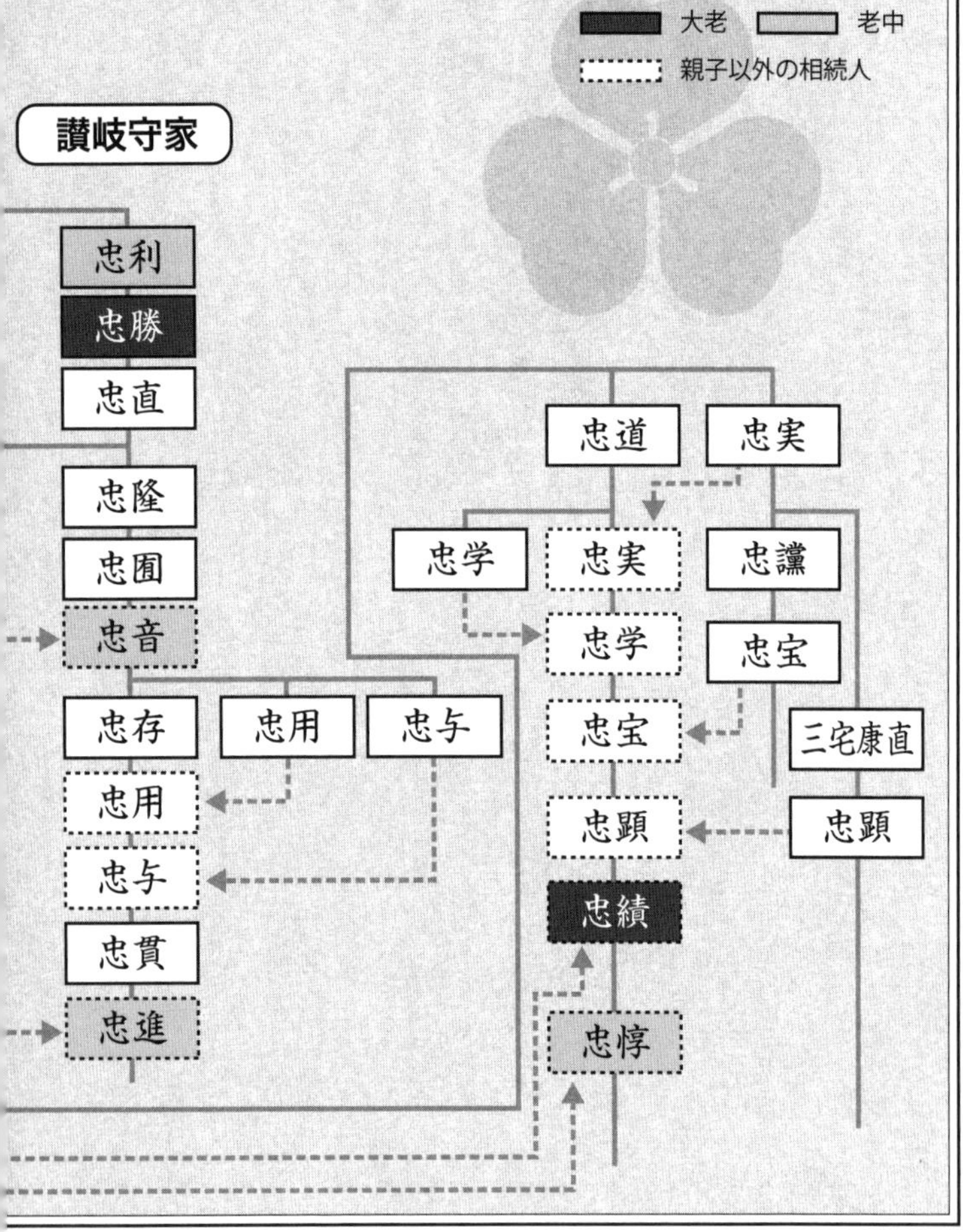

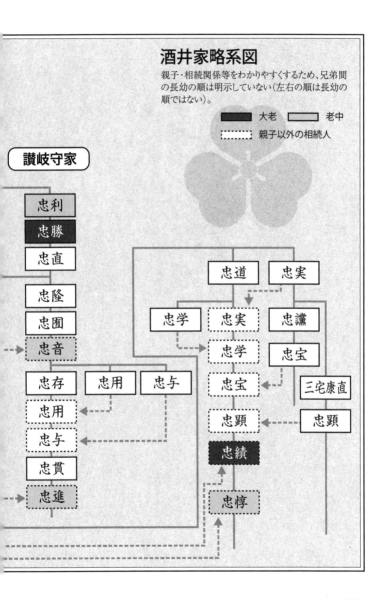

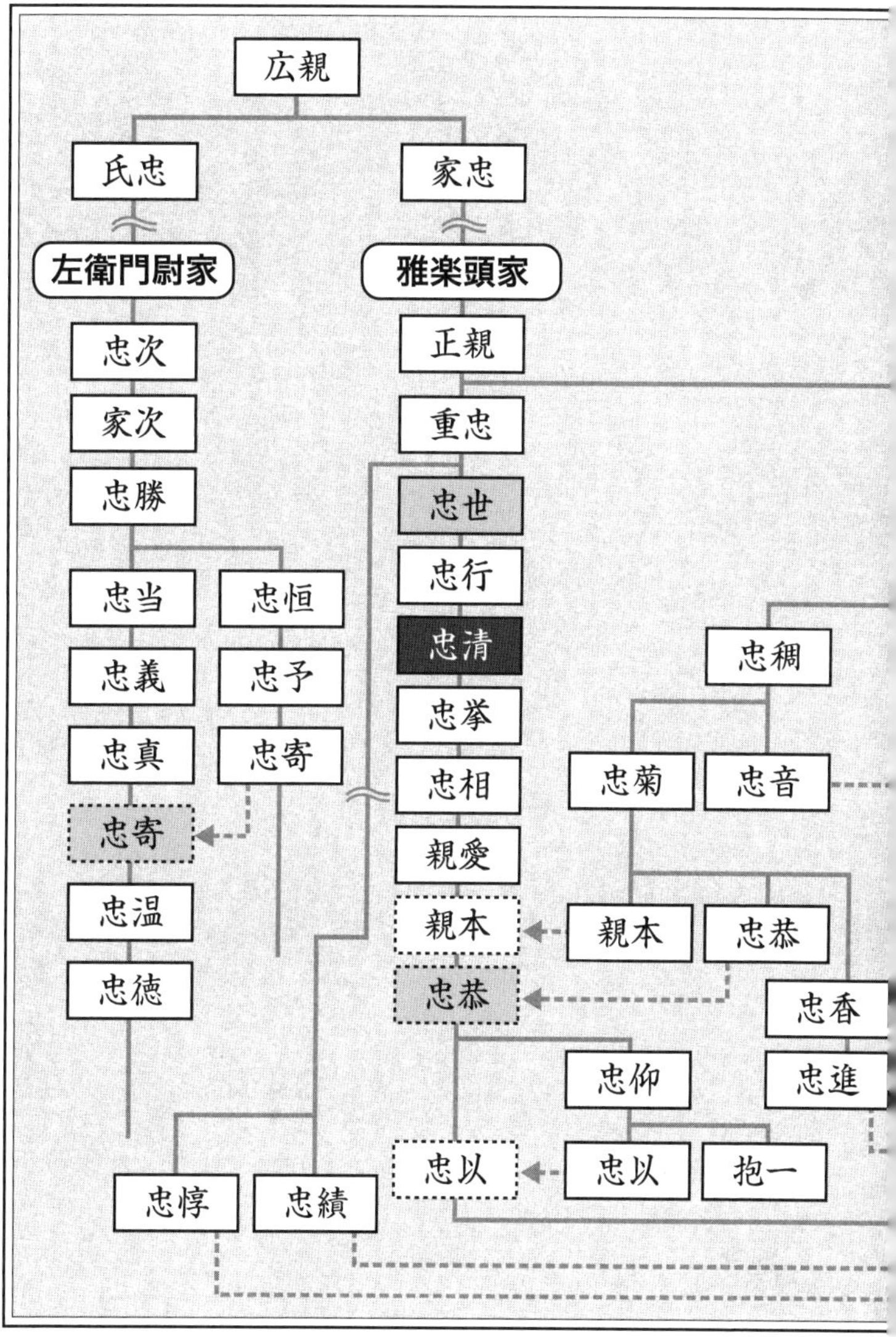
広親
氏忠
家忠
左衛門尉家
雅楽頭家
忠次
家次
忠勝
忠当
忠恒
忠義
忠予
忠真
忠寄
忠寄
忠温
忠徳
正親
重忠
忠世
忠行
忠清
忠挙
忠相
親愛
親本
忠恭
忠稠
忠菊
忠音
親本
忠恭
忠香
忠仰
忠進
忠以
忠以
抱一
忠惇
忠績

を継いだ忠寄になら老中を任せてもよい、という判断が加わったのだろう。ちょうどカリスマ的将軍・吉宗から、子の九代将軍・家重へと将軍職が変わった時期でもあり、政権の基盤強化のためもあり、酒井忠寄が左衛門尉家から初めての老中となるのである。

多くの幕閣を輩出した雅楽頭家

一方で、雅楽頭家は、江戸初期より大老、老中を輩出していた。酒井忠世《ただよ》は、大久保忠隣《ただちか》や本多正信らとともに、開府初期の江戸幕府の指揮をとった。この忠世の代に、雅楽頭酒井家は、上野国《こうずけ》前橋（厩橋《まやばし》）に居城を定め、12万余石を領することになる。

この忠世の孫が「下馬将軍」と呼ばれた酒井忠清《ただきよ》で、大老となり、**巨大な権力を握ることとなった**。しかし、この忠清が、**五代将軍・綱吉の代で失脚して**から、しばらく雅楽頭家から老中になる者はいなくなる。

その後、雅楽頭家から久しぶりに老中となるのは酒井忠恭《ただずみ》で、九代将軍・家重を補佐する形となる。厳密には忠恭は、一族である越前国敦賀《つるが》藩から養子に入った者である。そして、この忠恭の時代に、雅楽歌家は上野国から播磨《はりま》国姫路へと転封となり、15万石を領し、幕末まで姫路城を守ることになる。

ちなみに、この酒井忠恭の孫であり、姫路藩を継いだ忠以《ただざね》の弟で、画家として有名なのが酒井抱一《ほういつ》である。琳派《りんぱ》を代表する画家であり、俳人としても著名であった。兄で姫路藩主となった忠以も絵画や俳句を得意としており、酒井家は**文化人としても知られる名家**となっている。

以降も雅楽頭家は、近親の一族から養子をとってきたが、幕末になると近い親戚に適当な人物がいなくなる。そこで、遠い親戚に当たる忠績、忠惇兄弟が順に藩主となり、**最後の大老、最後の老中の座に就く**のは、第３章にて述べた通りである。

また、雅楽頭家から分かれた**讃岐守《さぬきのかみ》家**も大老、老中を幾人も輩出している。とりわけ酒

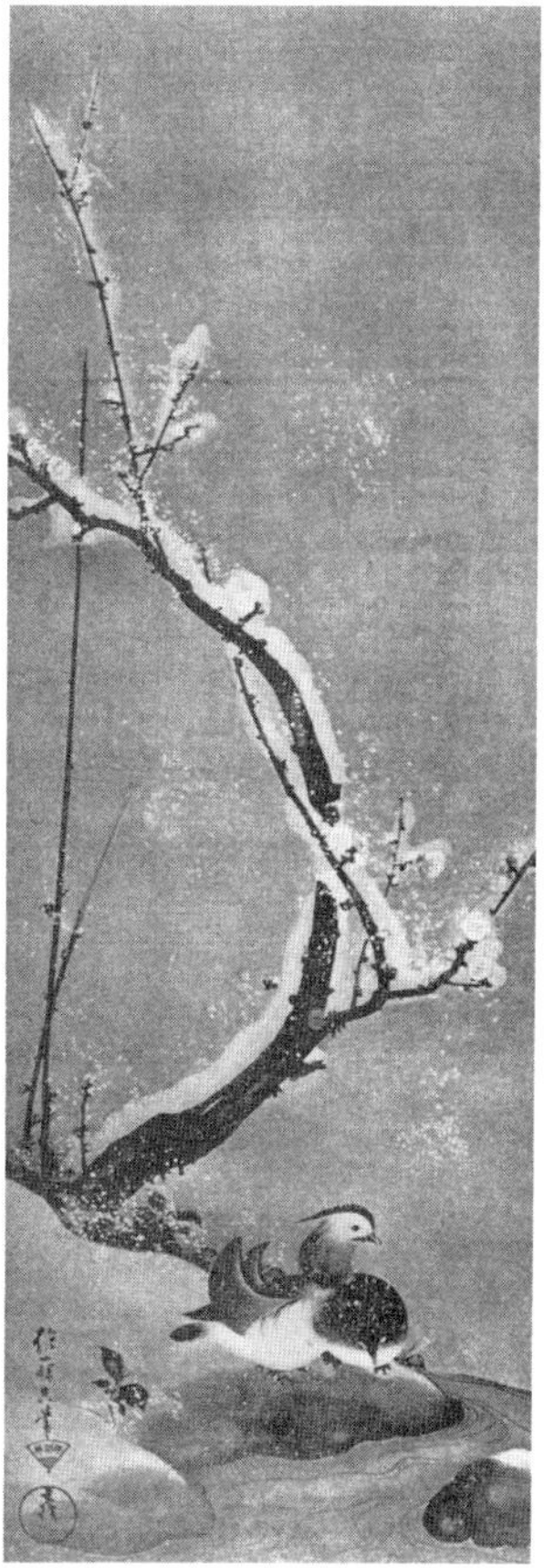

琳派の画家として知られる酒井抱一も名門・酒井家の出身だった。上図は『寒梅鴛鴦図』（国立国会図書館蔵）

井忠勝は、土井利勝とともに、日常業務から解放され、老中の一つ上の位に位置づけられた。これが大老の始まりだといわれている。

このようにして、酒井家は、すべて直系というわけではないが、比較的近い親族の中から養子を得るなどして発展を続けていった。「下馬将軍」酒井忠清をはじめ、その時代をリードしてきた政治家も多く、名門中の名門として、代々幕閣で重きをなしてきたのである。

井伊家

高い家格を維持し続けた井伊家

次ページの系図を見ていただくとわかりやすいのだが、井伊本宗家の場合、一見、複雑なように見えて、実は相続関係が親子か兄弟、せいぜい叔父と甥といったごく近い関係からしか行なわれておらず、もちろん他藩からの養子などはいない。実にわかりやすい相続関係である。(ただし、一人で2回当主になっている例などがあるので、相続順を丸数字で示している)。多くの大名家が、家督相続がうまくいかず、家格を落としてきたことを

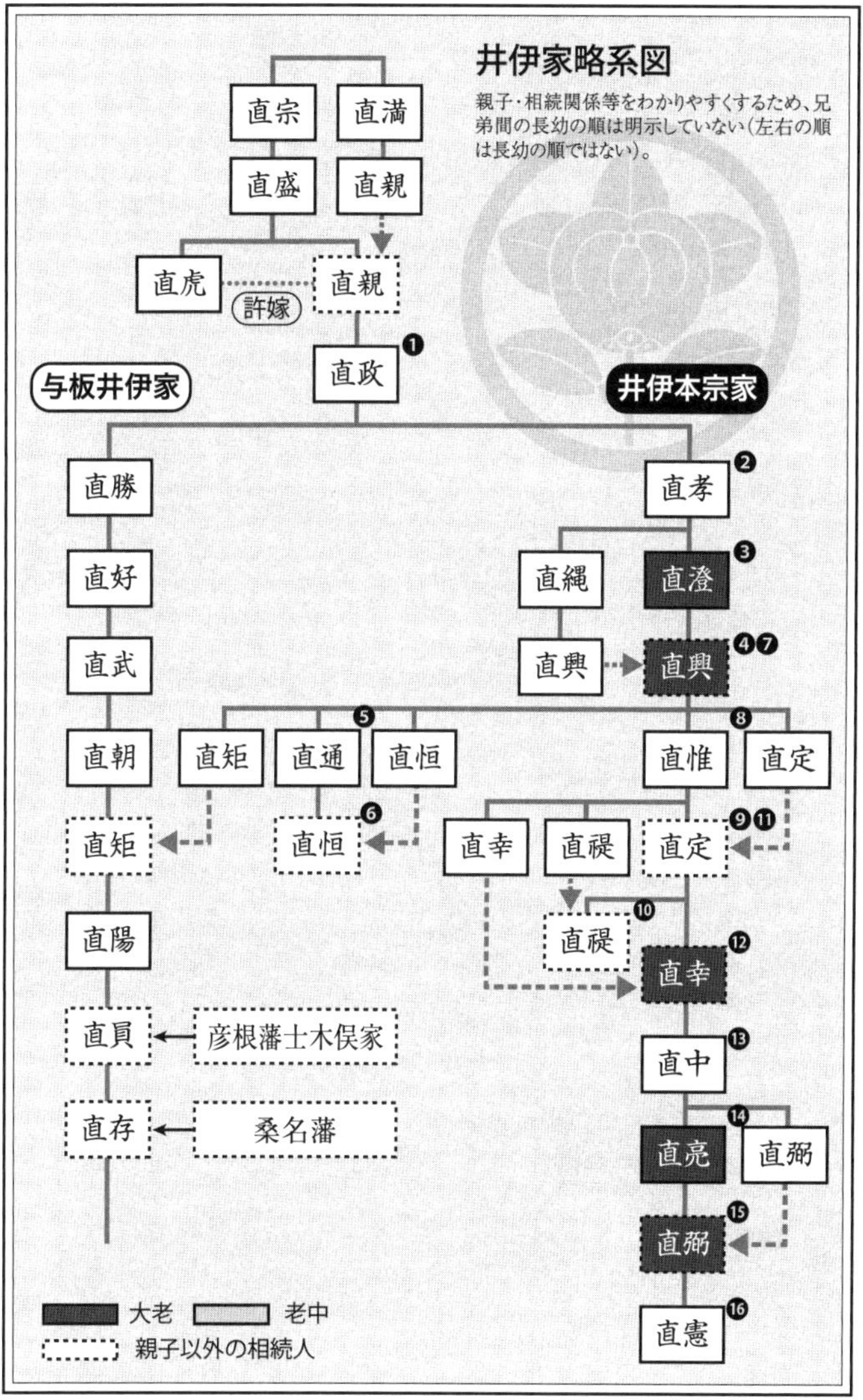
井伊家略系図
親子・相続関係等をわかりやすくするため、兄弟間の長幼の順は明示していない（左右の順は長幼の順ではない）。
直宗
直満
直盛
直親
直虎
許嫁
直親
直政
与板井伊家
井伊本宗家
直勝
直好
直武
直朝
直矩
直陽
直員
彦根藩士木俣家
直存
桑名藩
直孝
直縄
直澄
直興
直興
直矩
直通
直恒
直恒
直惟
直定
直幸
直禔
直定
直禔
直幸
直中
直亮
直弼
直弼
直憲
大老
老中
親子以外の相続人

鑑《かんが》みると、**奇跡的とすら思えるほどの家運に恵まれていた**のだ。

また、藩祖となった井伊直政《なおまさ》は、徳川家康に仕え、徳川四天王の一人として大いに活躍を続けた人物であり、直政の時代から幕末に至るまで、井伊本宗家は、琵琶《びわ》湖を臨む彦根藩を領地として、一度も変わることはなかった。彦根藩が**譜代大名の筆頭と呼ばれる高い家格**をずっと維持してきた理由は、このようなところにある。多くの大老を輩出してきたものも当然といえば当然である。

以上のことを踏まえると、混迷の幕末に切り札のようにして井伊直弼《なおすけ》が大老となったこともうなずけるし、その直弼が桜田門外で暗殺されたことが、どれだけ幕府の権威を傷つけ、世間を驚愕《きょうがく》させたかも理解しやすくなる。そののち、安藤信正《のぶまさ》が、無理を承知で井伊直弼の死をひた隠しにするという、現代人の眼からするとちょっと奇妙に映る対処をしなければならなかった理由に関しても、得心がいくというものである。

◈徳川四天王の筆頭・井伊直政

井伊家は、南北朝の争いなどでも活躍したと伝わる名家といわれているが、戦国時代も終わりに近い頃までは、目立った活躍があった一族ではない。長い間、駿河《するが》国（静岡県中東部）・遠江国《とおとうみ》（静岡県西部）を治めていた今川家の実質的な支配を受けていたからである。その頃の様子は、大河ドラマ『おんな城主 直虎《なおとら》』に描かれ、すっかりおなじみとなったようだ。その大河ドラマの主人公・井伊直虎の後見を受けて育ったのが、彦根藩藩祖となる井伊直政である。直虎と直政は父同士が従兄弟《いとこ》という関係でもある。やがて、井伊直政（幼名・虎松《とらまつ》）は、徳川家康に仕えるようになり、めきめきと頭角を現していく。

徳川四天王の筆頭・井伊直政

　小牧・長久手の戦い、小田原の陣、関ケ原の戦いなどで抜群の働きを示した直政率いる井伊家の軍勢は、全軍真っ赤な軍装を身に着けた「**赤備《あかぞな》え**」の軍として知られていた。その姿を目にした敵将は皆恐れをなし、いつしか、猛将・井伊直政は「**赤鬼**」と呼ばれるようになったという。

　戦場での働きだけでなく、調略《ちょうりゃく》ほかの内政面でもすぐれた力を発揮した井伊直政は、徳川家に仕えた時期は遅かったものの、短期間で徳川家中でも最高の石高《こくだか》を有することとなり、**徳川四天王の筆頭**と呼ばれるようになる。

しかし、井伊直政は、1602年、関ケ原の戦いで受けた傷がもとで、この世を去っている。江戸幕府が開かれる前年の訃報《ふほう》であった。

井伊直政の跡を継いだ者は？

井伊直政が亡くなった後は、長男の直勝《なおかつ》が継いだ。しかし、直政死去の当時、直勝はまだ12歳。しかも病弱であったという。1614年、江戸幕府成立後、最大の戦といえる大坂冬の陣が勃発する。豊臣秀吉の忘れ形見、秀頼を擁する豊臣方との決戦である。この時、譜代大名筆頭といわれる井伊家当主・直勝は、病のため出陣することができなかった。代わりに井伊家の赤備えの部隊を率いたのは、弟の直孝《なおたか》であった。

兄の代わりに出陣した直孝は、大坂冬の陣と夏の陣で大活躍した。特に夏の陣では敵の大将・木村重成《しげなり》を討ち取り、豊臣秀頼を自害に追い込むなどの功績をあげたのである。

実は、大坂夏の陣の始まる少し前、直孝は、徳川家康に呼ばれ、大事なことを告げられていた。病弱の直勝に代わり、井伊家を相続するように、との仰《おお》せである。むろん、直孝は、兄をさし置いて家を継ぐことに抵抗を感じ、再三固辞したのだが、家康の意向は変わらなかった。結果、直孝が彦根井伊家を引き継ぐこととなり、大坂夏の陣での活躍を経て、最終的には**35万石という譜代大名としては破格ともいえる大きな格式を得る**ことになる。一方、兄の直勝は上野国安中《あんなか》藩3万石の藩主となる。こちらの系譜は、子の直好《なおよし》の代に遠江国掛川《かけがわ》藩に転封。しかし、ひ孫に当たる直朝《なおとも》が乱心と判断され、領地没収となってしまう。その後は、本家より直矩《なおのり》が養子に入り越後国与板《よいた》藩主となり、井伊の家系を存続していくのだが、次の直陽《なおはる》がわずか13歳で没してからは、彦根藩士や他藩から養子をもらって与板井伊家の名跡《みょうせき》を継承していくこととなる。

最初の大老は井伊家から出ていた？

さて、井伊家といえば、**大老を最も多く輩出した家**として有名である。通常は、土井利勝、酒井忠勝、酒井忠清に続き、直孝の子である井伊直澄《なおずみ》が井伊家で最初の大老になったものとされている。しかし、誰を大老とするかに関しては章頭に述べた通り諸説があり、直政の跡を継いで大坂夏の陣などで活躍した井伊直孝こそ、土井利勝、酒井忠勝以前に就任していた「**最初の大老**」である、という説もある。もともと、江戸初期には「大老」

という役職が正式に定められていたわけではなかったので、誰が最初の大老なのか、という質問に対する明確な答えはない。ただ、井伊直孝は、二代将軍・秀忠の没後、三代将軍・家光からたびたび呼び出しを受け、さまざまな政務について助言を与えていたという。当時の直孝は「**元老**《げんろう》」という呼び名で称されていたのだが、この「元老」という立場にあった井伊直孝こそ、実質的な最初の大老なのではないか、という意見も強いのである。

直孝を大老の列に加えると、井伊家は江戸時代を通じて六人の大老を輩出したことになる。もちろん、他家を大きく引き離しており、譜代大名筆頭の家柄に当たることは間違いない。

直孝の後は、子の直澄、孫の直興《なおおき》が大老となっている。この直興は、彦根藩主となり大老に任じられたのち、いったんは子の直通《なおみち》に家督を譲り、引退している。しかし、その直通が若くして死去し、その跡を継いだ弟の直恒《なおつね》も10代で早世してしまったために、再び、彦根藩主として復活している。その際、**大老にも再度就任し**、名も直該《なおもり》と改めているために、この直興（直該）の大老就任を2回として数える場合もある。そうなると、井伊家は直孝も含め、のべ七人の大老を輩出していることになる。書籍によって、井伊家が輩出した大老の数が五～七人と差があるのは、右に述べたように直孝を含めるか、直興（直該）

を二人と数えるかの差なのである（なお、史料に記された名称や職務が他の大老と異なっているとして直澄を含めずに四人としている書籍も存在する）。

直興（直該）の後は、直幸《なおひで》が大老に就任している。短命な藩主が続いたので、直興と直幸の間は５代離れているが、血統的には孫に当たっている。彼が病に倒れた時、家臣らはわざわざ京から名医を呼び寄せて治療を施《ほどこ》したのだが、直幸は名医を呼んでくれたことに感謝の意を表しつつ、「領民が受けることのできない名医の治療を、藩主の私だけが受けることなどできない。また、藩主である私が、京の医者の治療を受けたことを知ったら、藩内の医者は気落ちするだろう」といって、処方された薬を破棄してしまった、というエピソードも残されている。

その次に大老となったのが、直幸の孫に当たる直亮《なおあき》である。開明的な思想を持ち、海外のものなど進んだ科学技術に高い関心を示した殿様だったようだ。同じ近江《おうみ》国出身で幕府の鉄砲《てっぽう》鍛冶《かじ》職をつとめ、技術者としても知られる国友《くにとも》藤兵衛《とうべえ》（一貫斎《いっかんさい》）が制作した天体望遠鏡が献じられると熱心にそれを眺《なが》めた、といった逸話も知られている。ちなみに、直幸が大老を辞任したのが、寛政の改革が始まる１７８７年、そして直亮が辞任したのも天保の改革が始まった１８４１年である。ともに**時代が大きく変わろうという時に辞任したわ**

井伊直弼の後継となった直憲

けで、松平定信や水野忠邦が大胆な改革に着手できたのも、うるさ型の大老がいなくなったから（あるいは、空気を読んで辞任してくれたから）だといってもよいだろう。

　この直亮の後、井伊直弼が大老となり、幕末の世に辣腕《らつわん》を振るったのち、暗殺されたことは第3章で詳しく述べた。そして、その後、安藤信正らの機転により、井伊家は断絶を免れ、井伊直弼の愛息・直憲《なおのり》（愛麿）が藩主となったことも先述した通りである。

　しかし、その後の井伊家は、徳川家とは別の道を歩むことになる。幕府が瓦解《がかい》して、新政府軍と旧幕府軍の争いである戊辰戦争が起きた時、**彦根藩は新政府軍に参加して旧幕府側と争っているの**だ。そして、明治の世が訪れると、直憲は貴族院議員になり、伯爵に任じられることになる。

おわりに

多くの人が日本史の授業で習ったと思われる「大老」や「老中」。しかし、実際にどのような人が、どうやって就任し、どんな仕事をしているのかなどは、思ったほど知られていないのではないだろうか。そんな疑問から始まった本書の執筆も、無事、予定通り終了することができた。本書の上梓《じょうし》によって、大老も老中も、多くの人が想像している以上にたくさんの人物がいて、それぞれが個性的な人物であったということが世の中に知られる一助ともなれば幸いである。

また本書は、原則的に時系列にのっとって大老や老中たちのエピソードを紹介しているため、本書を読み進めていくと、自然に、手探《てさぐ》り状態で始まった江戸幕府初期から激動の幕末までの世の中の動きが理解できるようになっている。**ちょっと変わった側面から描いた江戸時代通史**としてお読みいただくことも可能であろう。

さて、本書で紹介した逸話等の中には、井伊直弼や松平定信、田沼意次といった比較的有名な大老、老中に関するエピソードもあり、その中にも面白いものは多いのだが、中には「幕兵を率いて尊王攘夷派から将軍を助け出した小笠原長行」「虫を食べて調理人たちを救った久世広之」など、**知名度があまり高くない幕閣たちの中に、ひときわ印象に残る人物が多い**こともまた、事実である。それらの人物に興味を持っていただける方が少しでも増えることになれば、それもまた幸甚《こうじん》である。

また、江戸幕府を構成する人々の中には、大老や老中以外にもたくさんの個性的な人々がいる。大岡越前や遠山の金さんが就任したことでも有名な町奉行、鬼平が活躍した火付《ひつけ》盗賊改《とうぞくあらため》、時には老中よりも力を持った側用人など、さまざまな職責があり、さまざまなエピソードを残しながら、江戸幕藩体制を維持、向上させるための一翼を担ってきた。機会があれば、これらの人物の面白エピソードなども探ってみるのも面白いだろう。新しい江戸時代像を描けるようになること、請け合いである。

なお、本書の執筆に当たっては、実業之日本社の磯部祥行編集長ならびに中込雅哉氏、そしてオフィスＯＮの荻野守氏より、多大なるご指導ご鞭撻《べんたつ》をいただくことができた。末筆ながら、これら関係各位のご尽力に心より感謝申し上げるしだいである。

◎参考文献
山本博文『お殿様たちの出世　江戸幕府老中への道』新潮選書
萩原裕雄『江戸幕閣人物100話』立風書房
中江克己『徳川将軍の意外なウラ事情』ＰＨＰ研究所
『別冊歴史読本　歴史ロマンシリーズ「徳川幕閣」のすべて』新人物往来社
『歴史読本　２０１４年12月号　特集徳川15代歴代将軍と幕閣』ＫＡＤＯＫＡＷＡ
『歴史人　２０１４年７月号　大江戸　武士の暮らし図鑑』ＫＫベストセラーズ
河合敦『早わかり江戸時代』日本実業出版社
亘理章三郎『青山忠俊伝』金泥堂書籍
宮田正信校注『誹風柳多留』新潮日本古典集成
全国歴史教育研究協議会編『日本史Ｂ用語集』山川出版社
詳説日本史図録編集委員会『山川　詳説日本史図録』山川出版社

◎参考論文
白峰旬『老中就任者についての基礎的考察』『江戸時代中後期における老中就任者とその在任期間について』

◎参考ホームページ
コトバンク(https://kotobank.jp/)

著　者

福田智弘（ふくだ　ともひろ）

1965年埼玉県生まれ。

1989年東京都立大学（現・首都大学東京）人文学部卒業。

編集・デザインディレクターを経て、現在、国内外の歴史、古典文学関連を中心に、精力的な執筆活動を行なう。

主な著書に、ベストセラー『世界史もわかる日本史』をはじめ、『古代史闇に隠された15の「謎」を解く』『裏も表もわかる日本史[江戸時代編]』『世界が驚いたニッポンの芸術　浮世絵の謎』『徳川四代　大江戸を建てる!』（以上、じっぴコンパクト新書　実業之日本社）、『豪商たちがつくった幕末・維新』（彩図社）などがある。

※本書は書き下ろしオリジナルです。

じっぴコンパクト新書　336

徳《とく》川《がわ》十《じゅう》五《ご》代《だい》を支《ささ》えた 老《ろう》中《じゅう》・大《たい》老《ろう》の謎《なぞ》
江《え》戸《ど》幕《ばく》府《ふ》要《よう》職《しょく》の表《おもて》と「裏《うら》」がよくわかる!

2017年11月15日　初版第1刷発行

著　者……………福田智弘
発行者……………岩野裕一
発行所……………株式会社実業之日本社
〒153-0044　東京都目黒区大橋1-5-1 クロスエアタワー8F
電話（編集）03-6809-0452
　　（販売）03-6809-0495
http://www.j-n.co.jp/
印刷所……………大日本印刷株式会社
製本所……………大日本印刷株式会社

ISBN978-4-408-33743-2（第一趣味）